DANIEL SCHEFFER, ULRICH RUSSLER

MINDFUL MEN

Der Achtsamkeits-Guide für Männer

Mit 7 Minuten Auszeit
zu mehr Gelassenheit im stressigen Alltag!

www.remote-verlag.de

MIX
Papier aus verantwortungsvollen Quellen
Paper from responsible sources
FSC® C105338

© 2021 Daniel Scheffer, Ulrich Russler

Das Werk ist urheberrechtlich geschützt. Jede Verwertung bedarf der ausschließlichen Zustimmung des Autors. Dies gilt insbesondere für die Vervielfältigung, Verwertung, Übersetzung und die Einspeicherung und Verarbeitung in elektronischen Systemen.

> **Bibliografische Information der Deutschen Nationalbibliothek**
> Die Deutsche Nationalbibliothek verzeichnet diese Publikation in der Deutschen Nationalbibliografie; detaillierte bibliografische Daten sind im Internet über http://dnb.dnb.de abrufbar.

Für Fragen und Anregungen:
info@remote-verlag.de

ISBN Print: 978-1-955655-18-7
ISBN E-Book: 978-1-955655-19-4

Originalausgabe
Zweite Auflage 2022
© 2021 by Remote Verlag, ein Imprint der Remote Life LLC, Oakland Park, US

Projektleitung: Maximilian Mika
Manuskriptbearbeitung: Annika Hülshoff
Umschlaggestaltung: Wolkenart - Marie-Katharina Becker, www.wolkenart.com
Abbildungen im Innenteil: © Daniel Scheffer, Ulrich Russler – mit Ausnahme von Grafiken Kapitelbeginn: Verena Klöpper
Satz und Layout: Verena Klöpper

Alle Rechte vorbehalten. Vervielfältigung, auch auszugsweise, nur mit schriftlicher Genehmigung des Verlags.

Abonnieren Sie unseren Newsletter unter: www.remote-verlag.de

Haftungsausschluss:

Die Verwendung der Informationen in diesem Buch und die Umsetzung derselben erfolgt ausdrücklich auf eigenes Risiko. Verlag und Autor können für etwaige Unfälle und Schäden jeder Art, die sich bei der Verwendung der Informationen ergeben (z. B. aufgrund fehlender Sicherheitshinweise), aus keinerlei Rechtsgrund die Haftung übernehmen. Haftungsansprüche gegen Verlag und Autor für Schäden jeglicher Art, die durch die Nutzung oder Nichtnutzung der Informationen bzw. durch die Nutzung fehlerhafter und/oder unvollständiger Informationen verursacht wurden, sind ausgeschlossen. Folglich sind auch Rechts- und Schadenersatzansprüche ausgeschlossen. Der Inhalt dieses Werkes wurde mit größter Sorgfalt erstellt und überprüft. Verlag und Autor übernehmen keine Haftung für die Aktualität, Richtigkeit und Vollständigkeit der Inhalte des Buches, ebenso nicht für Druckfehler. Es kann keine juristische Verantwortung sowie Haftung in irgendeiner Form für fehlerhafte Angaben und daraus entstandenen Folgen vom Verlag bzw. Autor übernommen werden.

Für die Inhalte von den in diesem Buch abgedruckten Internetseiten sind ausschließlich die Betreiber der jeweiligen Internetseiten verantwortlich. Verlag und Autor haben keinen Einfluss auf Gestaltung und Inhalte fremder Internetseiten. Verlag und Autor distanzieren sich daher von allen fremden Inhalten. Zum Zeitpunkt der Verwendung waren keinerlei illegale Inhalte auf den Webseiten vorhanden.

Gestalte mit uns!

Werde Remote Club Member, nimm Einfluss auf unsere zukünftigen Bücher und profitiere von exklusiven Member Vorteilen.

 Nimm an **Umfragen zu Titeln & Covern** teil und gestalte unsere Bücher aktiv mit

 Zugang zu **exklusiven Vorbestellungen** und vorzeitiger Lieferung vor Verkaufsstart

 Erfahre **als erstes** von neuen Büchern und erhalte Einblicke hinter die Kulissen

 ..und vieles mehr!

M NDFUL MEN

ROADMAP - INHALTSVERZEICHNIS

TEIL 1: Einsicht und Erkenntnis

1. **Du bist der Doc, Doc** – Vorwort bewusster Männer 8
2. **Das ist stark!** – Ein ehrliches Wort von Mann zu Mann 17
3. **Fluchtkompensator** – Das Navigationssystem zur Arbeit mit diesem Buch 24
4. **Wo sind wir falsch abgebogen?** – Wann ging die Hetze los? 38
5. **Hey McFly, jemand zu Hause?** – Unbewusst sein und seine Folgen 44
6. **Du bist nicht allein** – Die Geschichte zu Mindful Men 59
7. **Wenn der Blitz dich trifft** – No Trigger, no Change 82
8. **1.21 Gigawatt** – Bewusst-Sein und seine Folgen 92
9. **Wir müssen diese Zeitmaschine zerstören** – Gewohnheiten ändern ... 108
10. **Ihr Freund Marty** – Bewusste Connections 114
11. **ELB Enterprises 2.0** – Bewusstes Business 121

TEIL 2: Anwendung und Umsetzung

12. **Der Weg zurück zur Gegenwart** – Die Reise zur inneren Mitte geht los 131
13. **Der Mindful Men BIC-Procress** – Die 8samkeits-Pyramide 138
14. **Mindful Move** – Du schaffst dir Trigger 153
15. **The Mindful Minute** – Du nimmst dir Raum 159
16. **What's next?** – Die Zukunft 267

MINDFUL MEN

TEIL 1
Einsicht und Erkenntnis

1. Du bist der Doc, Doc
– Vorwort bewusster Männer

Wir Männer müssen uns entscheiden, wohin wir schauen. In diesem Buch zeigen dir Daniel und Ulli in welche Richtung, wenn du mindful sein willst.

Mit den beiden hast du die passenden Männer an deiner Seite. Zwei sehr verschiedene: Daniel ist jünger und dynamischer, Ulli ruhiger und erfahrener. Ich kenne sie gut und weiß, dass beide unter dieser Oberfläche ihre inneren Augen aufgemacht haben. Was dann passiert, das haben sie eindrucksvoll in diesem Buch beschrieben.

Viele Männer lernen gerade, in einer schnellen Welt (die an ihre Grenzen kommt), ihren inneren Mann zu stehen. Meine Erfahrung aus der Zusammenarbeit mit vielen selbstständigen Männern: Das eigene Business grenzt oft ein. Weil Mann es unachtsam aufgebaut hat. Wir achten zu wenig auf uns und andere. Das neu und smarter sehen zu können, beginnt im Kopf.

Aber es geht bei Mindful Men um mehr als Business: Es geht um die Frage, wie wir leben und was am Ende bei dem Ganzen herauskommen soll. Einfach nur weitermachen wie bisher – das geht nicht mehr.

Mindful zu sein, ist eine Entscheidung, die Konsequenzen hat. Das Innere tritt nach außen. Dazu ein kleines Beispiel: Als wir (meine Frau und ich) vor etlichen Jahren unser Haus planten, hatte Priorität Nr. 1 unser Home-Office. Unsere besten Räume (die gesamte obere Etage) sollten Platz bieten, um zu denken, zu meditieren, Bücher zu schreiben, Stille zu haben. Diese Entscheidung hat sich mehr als bewährt und half mir später «bei mir zu bleiben». Das Äußere wurde Stütze für die Achtsamkeit.

Du wirst andere Entscheidungen zu treffen haben. In «Mindful Men» geben dir Daniel und Ulli eine Landkarte, die dir bei diesen Entscheidungen hilft, mit einem verständlichen System zu überlegen, wohin du blickst.

Ich möchte den achtsamen Blick in meinem Leben nicht mehr missen und lege dir dieses Buch wirklich an das Männerherz.

Dein
Ehrenfried Conta Gromberg
Smart Business Concepts

Keanu Reeves –
Ein Mann wie er (HIER) im Buche steht

Empathie

Ist Keanu Reeves ein bewusster Mann, weil er in Rollen bewusster Männer schlüpfen durfte? Sehr wahrscheinlich. 1993 spielt er in «Little Buddha» den Prinzen Siddharta, also den Ur-Buddha. Das hat ihn offensichtlich so stark inspiriert, dass er in den folgenden Jahren sogar selbst TV-Kurse in Buddhismus gab. Es scheint, als habe er auf diesem Teil seines Weges seine Werte und Tugenden ausgeprägt.

Im Jahre 2008 gab er der Welt ein Interview und ließ dabei tief blicken: «Am wichtigsten ist für mich das Konzept des Mitleids. Du versuchst dich in die Lage des anderen zu versetzen und analysierst, woher das Leiden kommt.» Das beschreibt die Tugend der Empathie, auch Mitgefühl genannt. Doch wozu führt diese gelebte Tugend, wenn man sie so lebt wie Keanu? Man beginnt durch beide Augen zu sehen und findet damit im Miteinander die Mitte. Durch die Augen des anderen kann man auch sich selber besser sehen und verstehen, warum der andere einen anders wahrnimmt als man sich selbst. Das führt dazu, dass man seinen Mitmenschen und auch sich selbst vergeben kann. Und Vergebung ist eine der mächtigsten Tugenden. Angewendet ändert sich in der Folge die Wahrnehmung der eigenen inneren Welt und der Menschen, die Teil der eigenen äußeren Welt sind. Die Beziehungen ändern sich schlagartig zum Positiven. Mann kann das schwer erklären, wenn Mann das nicht selber ausprobiert hat.

Großzügigkeit

Geben und Nehmen sollten immer im Gleichgewicht sein, denn das führt zur Einheit, zur Mitte. Und es ist Naturgesetz. Genau wie die Waage aus Entstehen und Vergehen. Energie gleicht sich aus und bleibt dadurch im

Fluss. Keanu hat immer auch gegeben und nicht zu knapp, verglichen mit anderen Sternchen mit seinen Privilegien. Er hat alleine 70 Prozent seiner Gage, die er für die Matrix-Trilogie erhalten hat, an die Krebsforschung gespendet. Das waren insgesamt 31,5 Millionen Dollar!

Vielleicht hatte das auch mit der Erkrankung seiner jüngeren Schwester zu tun, die über acht Jahre (1991-1999) gegen Leukämie kämpfte und überlebte. Keanu hat aus dieser sehr persönlichen Betroffenheit danach eine Stiftung für krebskranke Kinder gegründet. Wer sich einmal vor den Spiegel stellt und eine nehmende Bewegung mit der Hand macht, wird feststellen, dass sein Spiegelbild ebenfalls nimmt. Simuliert Mann aber eine gebende Bewegung mit der Hand, sieht Mann, dass einem selbst durch das Spiegelbild gegeben wird. Eine mächtige visuelle Übung, bei der du darauf achten solltest, wie sich sowohl das eine wie auch das andere anfühlt.

Bescheidenheit

Viele Prominente brüsten sich mit ihrem philanthropischen Engagement. Hilft ja auch dem Image. Doch nicht so Keanu. Und das zeigt mit am eindruckvollsten wie selbstlos und bescheiden er trotz seiner Bekanntheit geblieben ist. Obschon er über die Jahre wie beschrieben schon sehr große Geldbeträge über seine Stiftung gespendet und sich auch persönlich engagiert hat (2020 versteigert er ein Zoom-Date mit sich selbst für 19.000 Dollar und spendete den Betrag an ein Sommerprogramm für krebskranke Kinder), hat er das nie zu seinem Vorteil an die große Glocke gehängt. Im Gegenteil: Er selbst tritt im Zusammenhang mit der Stiftung nicht auf: «Ich mag es nicht, meinen Namen damit zu verbinden, ich lasse die Stiftung einfach tun, was sie tut.»

Eindrucksvoll sind aber vor allem die Geschichten, die wir nicht in den großen Zeitungen lesen. Hier eine schöne Auswahl, die zeigt, warum Keanu ein wirklich bewusster Mann ist.

Conscious Keanu

Und JETZT denkst du: «Ich bin doch nicht Keanu Reeves. Ich sehe nicht so aus. Bin kein Schauspieler. Hab gar nicht so viel Geld. Bin allgemein nicht so privilegiert. Bin auch nicht so ein Charmebolzen.» Klar, völlig nachvollziehbar. Aber schau doch durch all diese oberflächlichen, vermeintlich entscheidenden Dinge hindurch auf das, was dahintersteht. Keanu scheint immer dann sehr ruhig und zurückhaltend zu sein, wenn er auf genau diese Dinge angesprochen wird. Weil er weiß, dass das gefährlich ist. Verführerisch. Doch sich auf die eigenen inneren Werte und Tugenden zu besinnen, das führt zu den richtigen Erkenntnissen und Entscheidungen. Das hält dich auf dem Weg hin zu einer wachsenden Persönlichkeit. Ob mit Geld, Ruhm und Macht oder ohne. Es ist gar schwerer, als prominente Person der Öffentlichkeit diesen bewussten Weg zu gehen. Du hast es also durchaus einfacher als Kenau, so verrückt das klingt. Aber probiere es doch mal aus. Tue Gutes, ohne darüber zu reden. Achte auf die kleinen Dinge, die machen es in der Summe aus. Lass dich nicht verführen von allem, was «glitzert». Bleib immer nah bei dir und höre auf deine Intuition. Und schon bist du wie Keanu, aber dennoch ganz du selbst.

Worte von euch oder warum du dieses Buch in deinen Händen hältst

Was sind deine größten Probleme in Bezug auf Gelassenheit und innere Ruhe im Alltag?

- Konzentrationsstörungen, keine Zeit
- Sich Zeit für sich zu nehmen
- Den dafür nötigen Raum auch in stressigen Situationen zu wahren
- Alltagsprobleme etc. loslassen zu können
- die Ruhe zu finden, für mich ganz allein
- Zeit zum Durchatmen zu finden, Anspannung baut sich immer weiter auf
- Deadlines, Kunden, das Gefühl, immer mehr machen zu müssen, nicht zufrieden zu sein mit der Leistung, immer mehr wollen
- Umsetzung im Alltagsstress: Bewusstsein dafür ist bereits da, es dann aber aktiv in den stressigen Alltag einzubinden ist die Challenge. Denn erst mal wird man keine negativen Effekte merken, wenn man es nicht macht. Das kommt dann später
- Dass die Einsicht und infolge auch die Motivation fehlt, sich diesem Thema überhaupt zuzuwenden
- Sich selbst anzuhalten, rauszunehmen, zurückzuziehen fällt manchmal schwer im Hamsterrad
- Ständiges Gefühl des Beschäftigtseins, abends nicht abschalten, Erfolge gehen in Zukunftssorgen unter, mache ich überhaupt noch das Richtige? Business permanent präsent.
- Wenn es besonders stressig ist, bekommt es oft meine Frau ab… Hinterher tut es mir leid. Ich bin oft ungeduldig mit anderen.
- Finde keine Zeit, um mal zu mir zu finden, Ruhe einkehren zu lassen, haste immer von einem Projekt zum nächsten
- Der Stress überträgt sich und belastet die Familie und Partnerschaft.
- Nach Feierabend abzuschalten und nicht schon an die Termine von morgen zu denken und dadurch gestresst durch den Abend/die Nacht zu gehen

Was würde für dich möglich werden, wenn die genannten Herausforderungen für dich gelöst werden würden?

- Gelassener zu werden, entspannter zu leben
- Vielleicht könnte ich mehr von meinem Potenzial leben.
- Stressfreier zu leben, Entscheidungen besser treffen zu können
- Ich wünschte, ich könnte mit aller Ruhe einen Schritt nach dem anderen machen und wüsste genau, warum ich erst den einen und dann den anderen Schritt machen muss; Orientierung und Klarheit im Kopf also
- Mehr Harmonie in der Partnerschaft
- Größeres Wohlbefinden, mehr Gelassenheit, mehr Gesundheit
- Mehr Gelassenheit und Ausgeglichenheit, weniger impulsive Momente
- Eine zufriedene, geerdete Grundeinstellung. Ein bisschen Urlaubsgefühl abends auf der Couch auch ohne Urlaub. Es wäre für mich einfach leichter, wenn die Kommunikation aus mehr als nur drei Sätzen am Abend bestehen würde.
- Focus on things that matter
- Ich könnte im Privatleben mehr entspannen.
- Ich wäre entspannter und wahrscheinlich auch glücklicher.
- Deutlich mehr Zeit für die wichtigen Dinge im Leben
- Ich hätte das Gefühl, wieder mehr Kontrolle über meinen Alltag und mein Leben zu haben; mir wieder bewusster dessen zu sein, was und warum ich es tue. Ich würde die kleinen Auszeiten genießen, hätte mehr Kraft, Energie und Ruhe.
- Ich könnte mein Berufs- und auch Privatleben viel mehr genießen.
- Mehr zu tun, was mir persönlich wichtig ist und Spaß macht.
- Ein glücklicherer Alltag, mehr Zufriedenheit, weniger Konflikte.
- mehr Harmonie und schnelleres Auflösen von unnötigen Streit-/Diskussionssituationen

Was erhoffst du dir von diesem Buch?

- Mit kurzen Übungen in einem vollen Terminkalender die Zeit finden, dennoch Ruhe und Gelassenheit zu erlangen
- Routinen, die entwickelt werden
- Dass es Männer schreiben, die ihre Geschlechtsgenossen mit einer gehörigen Portion Humor UND Ernsthaftigkeit ansprechen, sodass weder der gern genutzte Vorwurf «Das ist mir zu eso!» oder «Ich will doch kein Guru werden!» passen ;-)
- Ideen und Anreize erhalten, Achtsamkeit auch zu leben bzw. durchzuführen
- Antworten darauf, wie ich auch in stressigen Phasen mehr Achtsamkeit im Alltag leben kann
- Motivation durch leicht umsetzbare Übungen
- Gelassenheit lernen, Dinge laufen lassen
- In wenigen Minuten wieder mehr Gelassenheit finden
- Leicht in den Alltag zu integrierende Übungen, bei denen man schnell erste Erfolge merkt und so die Motivation hat, solche Elemente fest in seinen Alltag zu integrieren
- Ideen, wie man im Alltag auch daran merklich erinnert wird, sich mit der eigenen Achtsamkeit im Hier und Jetzt zu beschäftigen
- Alltagstaugliche Übungen, die schnelle Veränderung bringen, Übungen, die bestimmte Glaubenssätze auflösen, die dafür verantwortlich sind, dass man überhaupt so gestresst ist
- Langfristig Frieden empfinden
- Umsetzungsorientiert
- Reflexion und Anleitung zur inneren Ruhe
- Kurz und prägnant, auf den Punkt. Kein Rumgelaber, was mir wieder nur Zeit stiehlt, um auf eine ausreichende Seitenanzahl zu kommen.
- Dass drin ist, was drauf steht.
- Lebensfreude
- Einfache, schnelle und praktische Übungen, die ich ohne großen Aufwand und ohne Beeinträchtigung meiner Arbeit unbemerkt durchführen kann

- Mindfulness integrativ ins Arbeitsleben einbringen
- Inneren Ausgleich, bewusstere Auszeit, Gelassenheit

2. Das ist stark!
– Ein ehrliches Wort von Mann zu Mann

Wow, das war doch schon mal was. Worte und Taten bewusster Männer. Und von ihnen gibt es sicher noch viel mehr da draußen. Oder welche, die es noch werden wollen. Wir schauen ja keinen an …

Doch bevor es richtig losgeht, lass dir eines vorab gesagt sein: Freut uns, dass du da bist. Ehrlich. Von Herzen willkommen.
Wir schreiben den 22.02.2022. Ein gutes Datum, um Transformation einzuleiten. Das Buch, das du in Händen hältst, ist bereits seit dem 13.11.2021 am Start, und seitdem haben wir viel Feedback erhalten. Aus persönlichem wie geschäftlichem Umfeld. Aber vor allem von euch. Dafür einen achtsamen Dank.

Und du wirst nun direkt davon profitieren. Denn dieses Buch ist ein lebendiges Buch. Wir sagen dazu «Developing Content». Das sind Wissensprodukte, in diesem Fall Bücher, die sich anhand der Erfahrung der Nutzer mit dem Produkt weiterentwickeln. Mit dem Kauf dieses Buches sicherst du dir außerdem künftige Updates. Über einen Community-Bereich versorgen wir dich regelmäßig mit Informationen zu inhaltlichen Verbesserungen, die auch in die kommenden Buchversionen mit einfließen. Damit hast du hier den Tesla unter den Büchern in Händen. Einmal erworben, kannst du dauerhaft von Updates profitieren.

Hier weitere Ergänzungen, die sich aus der Arbeit mit dem Buch ergeben haben und die sich aus eurem bisherigen Feedback ableiten:

1. Das HIER ist ein Buch für Männer. Von Männern. Klingt schon beim Schreiben merkwürdig. Ist es irgendwie auch. Denn natürlich kann jeder dieses Buch lesen. Jeder und jede ist HIER willkommen. An

die Frauen richten wir später noch das Wort. Aber nur, dass ihr es schon mal wisst: Wir haben uns über die letzten zwei Jahre bewusst dazu entschieden, gezielt eine Gruppe anzusprechen: Männer. Und unter ihnen besonders die Powermänner. Die Macher. Das können Unternehmenslenker, Manager, Führungskräfte, Unternehmer, Selbstständige, aber genauso andere Männer sein, die Gas geben, die nichts dem Zufall überlassen. Die Erfolg wollen und finanzielle Unabhängigkeit anstreben.

Warum? Man kann eine Gruppe von Menschen, die viel gemeinsam hat, klarer ansprechen und damit auch besser erreichen. Wir haben die Erfahrung gemacht, dass es Bedarf für dieses Buch gibt und sind überzeugt, dass am Ende alle davon profitieren werden. Deswegen hoffen wir, dass auch Frauen das Buch zur Hand nehmen und ihre Männer motivieren, es zu lesen und damit zu arbeiten. Denn bewusste Frauen sind die größten Verbündeten der bewussten Männer. Der Mindful Men.

2. Wir verwenden in diesem Buch die männliche Sprachform stellvertretend für alle Geschlechter. Das geschieht völlig wertfrei. Uns geht es darum, nach Gefühl zu schreiben und auf den Punkt zu formulieren.

3. Wir wollen nicht nur heterosexuelle Männer ansprechen. Genauso wie nicht nur heterosexuelle Frauen dieses Buch lesen können. Wir freuen uns über jeden Menschen, der sich mit dem Thema Bewusst-Sein beschäftigt. Wenn wir heteronormative Äußerungen machen, dann nur, weil es unsere persönliche Lebensrealität als heterosexuelle Männer widerspiegelt.

4. Dieses Buch ist inhaltlich verknüpft mit der Filmreihe aus den 80ern: «Zurück in die Zukunft» von Robert Zemeckis. Ein Klassiker. Zeitlos. Zeitlos? Das haben die Filmreihe und die Charaktere darin gemeinsam mit vielen Powermännern JETZT und HIER. In den drei Filmen hetzen Marty (gespielt von Michael J. Fox) und Doc Emmet Brown mit einer Zeitmaschine, na, durch die Zeit. Sie geraten in eine sich verselbstständigende Handlungskette, bei der sie immer wieder zwischen Vergangenheit und Zukunft hin- und herspringen, ohne wirklich in der Gegenwart, im HIER und JETZT, anzu-

kommen. Sie haben schließlich damit zu tun, den Lauf der Dinge zu beeinflussen, um damit am Ende sich selbst und das ganze Raum-Zeit-Kontinuum zu retten. Das erinnert sehr an uns Powermänner. Immer unterwegs, immer busy, immer im Wettlauf mit der Zeit. Bezeichnend, was auf dem hinteren Nummernschild der Zeitmaschine steht:

Wir sollten uns fragen, wann und wie wir endlich diesem Strudel der Zeit entkommen und nicht «Zurück in die Vergangenheit» oder «Zurück in die Zukunft», sondern endlich «Zurück in die Gegenwart" finden. Zurück zu uns.

Ab geht´s

So Männers. Jetzt mal langsam Butter bei die Fische.

Wir haben bewiesen, dass wir erfolgreich sind. Dass wir es können. Wir haben viel investiert. Zeit. Geld. Blut. Schweiß. Tränen. Wir funktionieren. 40, 50, 60 Stunden pro Woche und mehr. Wer von uns Kinder hat, meistert auch das meistens mit Bravour, wenn wir denn überhaupt genug Zeit für sie finden. Das funktioniert gut für uns. Wir haben alles im Griff, oder?

Aber mal unter uns: So leichthändig geht das nicht. Wir sind doch keine Jongleure! Wobei doch, ich befürchte, genau das sind wir.

JETZT stell dir mal vor, du jonglierst dein Leben und musst dafür nicht ständig und ohne Unterlass selber physisch am Start sein. Nicht alles hängt an dir allein. Was für ein Leben wäre das, wenn sich die Teller zumindest mal eine Zeit lang von selber weiterdrehen, während du dich von ihnen abwendest, um einfach mal ganz bei dir selbst zu sein? Nur bei dir. Verlockend!

Das Problem ist, wir haben gelernt, dass wir keine Schwäche zeigen sollen. Also einfach so weiter wie bisher, solange die Kraft noch reicht. Was soll uns schon groß passieren? Wir sind stark! Wir sind Männer, verdammt noch mal! Wer soll es denn regeln, wenn nicht wir? Es verlassen sich doch auch alle auf uns.

Ganz ehrlich? Hosen runter: Noch nie das Gefühl gehabt, das könnte dir alles von JETZT auf gleich entgleiten wie die Seife in der Dusche? Egal, wie stark du bist, wer immer stark sein muss, bekommt dafür vom Leben irgendwann die Quittung serviert.

Worst-Case-Szenario oder innere Stimme?

Kontrollverlust über dein Leben und die eigenen Entscheidungen. Das ist für uns Männer doch völlig abwegig. Passt nicht ins Gesellschaftsbild. Entspricht auch nicht der Norm. Wir haben das im Griff. Wir entscheiden das. Wir machen das.

Doch mal abgesehen davon, dass wir daran glauben und dass es uns so vermittelt wird: Da ist manchmal auch dieses merkwürdige Gefühl, das uns schon länger verfolgt und das wir nicht mehr ignorieren können. Was ist das? Eine innere Stimme?

Hör auf die Stimme. Hör, was sie sagt, sie war immer da, also hör, was sie dir sagt ...

Manche nennen sie Intuition oder Bauchgefühl (meistens unsere Frauen). Wir sagen dazu innere Wahrnehmung. Innere Wahrheit. Du kannst dich der Sache von verschiedenen Richtungen aus nähern. Was will dir diese Stimme sagen?

Vielleicht Folgendes: Du läufst in einem Hamsterrad, in einer Tretmühle. Egal, ob angestellt in guter Position oder selbstständig im eigenen Unternehmen. Gefangen im eigenen Käfig. Du tauschst Zeit gegen Geld. Du bist gebunden. Abhängig. An einen Ort. Zeitlich. Und ohne dich läuft gar nichts. Das erfordert konstant Vollgas.

Aber Vollgas hat einen hohen Energieverbrauch, macht den Tank schnell leer und verursacht eine innere Leere. Und diese Leere kannst du irgendwann nicht mehr füllen. Weil dir dazu die Mittel fehlen. Nicht der Intellekt, nicht der Wille, nicht die Power. Dir fehlen nur das Handwerkszeug und die Technik.

Vielleicht sagt uns die Stimme, dass, wenn wir so weitermachen wie bisher, das Ganze nur zeitlich begrenzt gut gehen kann. Vielleicht sagt sie uns auch, dass wir irgendwie auf dem Holzweg sind, auf dem falschen Dampfer unterwegs. Dass es noch andere Wege gibt, das Leben zu leben und zu gestalten. Dass es die Möglichkeit gibt, stark und verantwortungsbewusst und gleichzeitig glücklich und frei zu sein.

Nehmen wir einfach mal an, dass da was dran ist. Dann kannst du DAVON AUSGEHEN, dass du in diesem Buch zum ersten Mal wirklich erfährst, woher da der Wind weht. GEHE DAVON AUS, dass da was dran ist, und du wirst in diesem Buch zum ersten Mal ganz konkrete Lösungen vorfinden. Keine heiße Luft, kein Eso-Kram. GEHE DAVON AUS, dass all das hier etwas auf den Hacken hat, und du wirst auf dieser Reise auf eine Art und Weise mitgenommen, die zu uns Männern passt. GEHE einfach DAVON AUS. Dann kommst du am Ende auch irgendwo an. Und weißt du wo? Bei dir selbst!

Du bist nicht allein

Hin und wieder denken wir, wir sind allein mit unserer inneren Wahrnehmung. Weil wir uns nicht mitteilen können und wollen. Wir wollen damit niemandem zur Last fallen. Nicht unseren geliebten Frauen, nicht unseren Kindern, geschweige denn unseren Eltern, die verstehen das ja sowieso nicht, oder? Doch wir täuschen uns. Wir sind nicht allein. Und allein das kann uns schon etwas den Druck nehmen. Es gibt viele von uns. Lass das Gefühl mal wirken. Wir sind verbunden in unserer vermeintlichen Einsamkeit. Lehnen wir uns also zurück. Entspannen wir uns. Dieses Buch wird uns da abholen, wo wir JETZT sind.

Nur, dass das klar ist: Dieses Buch ist nicht nur eine Selbsthilfeanleitung. Es ist ein ganz einfacher, nachvollziehbarer, logischer, aber auch humorvoller, unterhaltsamer Werkzeugkasten mit klarer Handlungsanleitung. Damit du nicht unbewusst mit dem Hammer ein Loch in die Wand schlägst, sondern zielsicher einen Nagel darin versenkst.

Worum geht es bei diesem Handwerkskasten? Es geht um dich. Und es geht um dein Bewusst-Sein. Um dein Selbst-Bewusst-Sein. Es geht darum, dass du neben allem ‚was du tust, endlich damit beginnst, dir deiner selbst bewusst zu werden.

Gehen wir gemeinsam diesen Weg?

JETZT halte kurz inne ... Sei einmal leise. Innerlich leise. Im Kopf.

Frag in deinen Bauch, frag deine innere Stimme, ob wir diesen Weg gemeinsam gehen. Ob das die richtige Richtung ist. Ob wir uns damit gut und glücklich fühlen. Ob uns das in Zukunft wirklich weiterhelfen wird, glücklich zu sein.

Ach ja, stimmt, es geht ja nicht um Glück, sondern um Erfolg. Um Gewinnen. Um Überleben.

Noch mal Ruhe bitte. Sei bitte ruhig. Komm zur Ruhe. Im Kopf. Frage dich das noch einmal.

Gehen wir gemeinsam diesen Weg?

Lausche. Hör hin! Hör nach innen.

Und, was sagt dein Bauch?

Das ist der Moment, in dem du die Entscheidung triffst.

Zwei Optionen:

    1. Du legst das Buch weg und fasst es nie wieder an. Das ist in Ordnung.
    2. Du liest weiter. Du bleibst dran. Du ziehst das bis zum Ende durch.

Solltest du das tun, wird das Ende dieses Buches für dich ein neuer Anfang sein, ohne dass du dabei dein Leben auf den Kopf stellen musst.

Versprochen!

Wenn du weiterliest, solltest du eines vorab wissen. Das Buch wird dich fordern. Es wird dich herausfordern. Es wird da mit dem Finger hinzeigen, wo es dir wehtut. Es wird Dinge ansprechen, die du vielleicht nicht hören willst. Wenn du aber ehrlich zu dir bist, willst du sehen, was da ist, wo es wehtut. Und du willst hören, was es ist, das wehtut.

Wenn du dich darauf einlässt, dann triffst du die Entscheidung, ein bewusster Mann zu sein.

Und das ist die beste Entscheidung, die du für dich treffen kannst.

3. Fluchtkompensator
– Das Navigationssystem zur Arbeit mit diesem Buch

Wie sind die meisten Bücher aufgebaut und was ist es, was dich bisher an Sachbüchern gestört oder abgeschreckt hat? Zu lang? Viel zu viel Text? Und von dem viel zu vielen Text viel zu wenig konkrete Aussagen oder Anwendungen? Oder fehlende Anleitungen zur Adaption, zur Umsetzung? Zu viel Rumgelaber nur um künstlich Seitenzahlen zu generieren? Hauptsache dick der Schinken? Und dann nach 150 Seiten so langsam mal etwas Message? Etwas Nutzen? Aber im Verhältnis zur Textlänge doch recht bescheidener.

Nutzen? Aufgewärmtes Wissen? Wenig Konzept und roter Faden? Pure Ansammlung mit wenig Sinn und Verstand?

Männer wie wir sind anspruchsvoll. Und bei Sachbüchern, also haptischen Wissensprodukten, da fallen schon viele vorab durchs Raster, wenn wir uns Cover, Name, Buchbeschreibung, Rezensionen usw. anschauen. Wir suchen nach Büchern, die uns weiterbringen, die Problemlösungsansätze bieten. Dass der Content dann auch noch so aufbereitet ist, dass er für uns gut und eingängig funktioniert, das scheint oft zu viel verlangt zu sein.

Inspiration

Schränken wir das zur Ehrenrettung einiger sehr guter Autoren ein. Und die gab es schon immer. Woher sollte man selbst sonst seine Inspiration hergenommen haben? Aus Schule und Studium? Hust, Räusper.

Unter den modernen Sachbüchern gibt es eine Marke, die auf ihre Art heraussticht. Wir führen sie hier als ein Beispiel an, weil wir die Autoren kennen und menschlich schätzen. Darüber hinaus ist die Art der Aufbereitung des Wissens nicht nur für Männer, aber gerade auch für Männer sehr eingängig gestaltet. Und die behandelten Themen werden für dich vielleicht noch einmal eine Rolle spielen auf deinem weiteren Weg.

Hinter der Marke, von der hier die Rede ist, steht ein Solopreneur-Pärchen. Brigitte und Ehrenfried Conta Gromberg aus der Nähe von Hamburg. Unter ihrer Marke Smart Business Concepts haben sie in den letzten Jahren bereits einige Bücher und digitale Tools entwickelt. Das Angenehme an ihren Werken ist die Art und Weise, wie darin Wissen vermittelt wird. Sehr visuell, strukturiert und textlich reduziert. Sie laden zum Umsetzen ein, was man selten findet. So hat die Konzeptentwicklung zu Mindful Men im weiteren Verlauf seit 2020 in der Smart Business Community an Fahrt aufgenommen. Unter folgendem QR-Link kannst du dir sowohl zu den wirklich tollen Werken als auch zur Community gerne einen Überblick verschaffen.

Smart Business Concepts

Konzeption und Struktur

1. Das Buch ist in zwei Hauptteile gegliedert. Im ersten Teil liefern wir relevante Hintergründe, die den Kontext anschaulicher machen. Du wirst besser verstehen, warum es wichtig ist, sich diese Themen genauer anzusehen und besser zu verstehen.

2. Der zweite Teil ist der Praxisteil, in dem wir über ganz einfach umzusetzende Anwendungen schnelle Erfolge erzielen werden. Und das werden wir so gestalten, dass es mühelos möglich ist, es mitten in unseren bewegten Alltag zu integrieren.

Wir müssen dazu kein Sabbatical nehmen, wir müssen nicht unsere Projekte auf Eis legen, wir müssen nicht unsere Kinder zur Adoption freigeben oder unsere Herzallerliebste zum Teufel jagen.

3. Für den Praxisteil haben wir einen Prozess entwickelt, der sich auf EINE allgemeine Grafik runterbrechen lässt. Den Mindful Men BIC-Process. BIC steht dabei für «Back to Inner Center» – zurück zur inneren Mitte.

4. Neben der BIC-Grafik (Mindfulness Pyramid = die Achtsamkeitspyramide) nutzen wir viele Symbole und Icons, um Prozesse, Anwendungen und andere Thematiken besser zu veranschaulichen. Ziel dabei ist, dass du dir diese grafischen Trigger bei wiederholter Visualisierung besser einprägen und instinktiv mit Content verknüpfen kannst. Das erleichtert dir den Zugang dazu.

5. Das Buch ist in Deutsch geschrieben, soviel ist sicher. Und doch haben wir uns dazu entschlossen, für den praktischen Anwendungsprozess die übergeordneten Begriffe auf Englisch darzustellen. Warum? Wir haben uns schon bei dem Titel und der Marke für «Mindful Men» entschieden anstatt «Achtsame Männer». Auch wenn die deutsche Sprache unheimliche Tiefe bietet, so eignet sich die englische Sprache besonders dafür, Dinge, Orte, Prozesse, Modelle etc. eingängiger zu benennen. Und in Verbindung mit visuellen Symbolen erscheinen uns die Inhalte dann als zugänglicher und einprägsamer. Das passiert auch dadurch, dass die englischen Begriffe sich vom deutschen Text automatisch abheben. Und doch: Man kann diesen Ansatz auch kritisch betrachten, gerade dann, wenn man zum Englischen persönlich keinen Bezug hat. Daher fügen wir im gesamten Buch jedem englischen Begriff eine Übersetzung bei. In der folgenden Legende haben wir dazu noch die jeweilige Bedeutung erläutert.

6. Textteile im Buch sind kompakt, konkret, on point. Nicht zu viel Geschwafel, nicht zu spirituell. Dafür teilen wir die Textinhalte in mundgerechte Stücke ein, die gut verdaulich sind. Strukturiert. Mit Konzept und rotem Faden.

7. Der gesamte theoretische Hintergrund lässt sich immer auf das Leben und den Alltag von uns Männern HEUTE beziehen. Praktisch. Konkret. Anwendbar.

8. Achtsamkeit und Bewusst-Sein sind keine greifbaren Topics? Nicht ernst zu nehmen? Wir unterfüttern alle Aussagen und Erkenntnisse mit kompaktem historischen und nachvollziehbarem wissenschaftlichen Hintergrund.

9. Das HIER ist ein Buch 2.0. Über zahlreiche QR-Codes kannst du auf zusätzlichen digitalen Content zugreifen. Das sind ergänzend zum Inhalt des Buches Bilder, Videos zu Anwendungen uvm.

10. Wir wollen Achtsamkeit und Bewusst-Sein ihren ernsten Anstrich nehmen. Unsere Wandfarbe heißt Humor. Wir wollen lachen, glücklich sein, fünfe gerade sein lassen. Und das ziehen wir HIER durch, wann immer es geht. Mach dich locker, das Buch wird es auch.

11. Wiederholungen. Wiederholungen. Ja, genau. Jeder Lektor und Deutschlehrer würde dich tadeln für einen Text, der zu viele Wiederholungen enthält. Wir machen das hier ganz bewusst. Warum? Weil sich Kernaussagen dann besser einprägen. Einmal lesen ist angenehm, das Ego wird unterhalten. Einen Sachverhalt mehrfach zu lesen, das lehnt das Ego ab, hilft dir aber, alles wirklich zu verstehen und im nächsten Schritt praktisch anzuwenden.

12. Der Content des Buches ist ein erster Schritt für dich. Ein Zugang zu einem Bereich, dem du dich bisher vielleicht bewusst oder unbewusst entzogen hast. Klar ist, das Buch hat nicht die Aufgabe und das Konzept in die tiefsten Tiefen vorzudringen. Du erhältst einen Einstieg in das Thema und dennoch die Möglichkeit und die Tools, um selber einen Schritt weiterzugehen und tiefer in die Materie vorzudringen. Das kannst du über den digitalen oder auch in unserem sich anschließenden zweiten Buch.

Last but not least: Warum hast du das Buch gekauft? War es der Titel? Das Cover? Das Thema? Eine Empfehlung? Ein Geschenk? Oder war es das Versprechen, das wir im Slogan geben: Mit 7 Minuten Auszeit zu mehr Gelassenheit im stressigen Alltag? Wenn es dieses Versprechen war, so können wir das gut nachvollziehen. Schlussendlich ist es ja gerade das, was es uns Männern bis dato schwer gemacht hat. Die fehlende Zeit. Wir möchten dir, bevor du dich nun in das Buch vertiefst, noch etwas mitgeben: Ja, es ist möglich, mit 7 Minuten am Tag spürbare Erfolge zu erzielen. Wir werden dir mit einem 4-Wochenplan ganz genau zeigen, wie und mit welchen Kurzübungen du das schaffst.

Legende

Im Folgenden bekommst du einen Überblick über die Begriffe, Symbole und Icons im Buch, die anhand verschiedener Bereiche wiederkehrend genutzt werden. Die Symbole erscheinen im ersten Buchteil in Verbindung mit Informationen und Zitaten. Im zweiten Buchteil werden die Symbole vorwiegend in Bezug auf die Anwendungsbereiche des BIC-Process genutzt. Ziel ist es, dass du über die Begriffe zur Visualisierung kommst und dauerhaft, vorwiegend intuitiv anhand der Symbole weißt, wo du dich gerade bewegst.

The Mindfulness Pyramid
(Die Achtsamkeitspyramide)

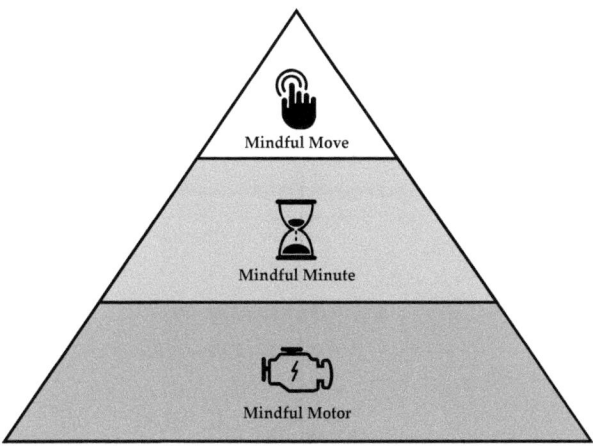

Pyramide Vorderansicht

enthält alle Ebenen und Bereiche des **BIC-Process**
(Back to Inner Center Process = Weg zurück zur inneren Mitte)

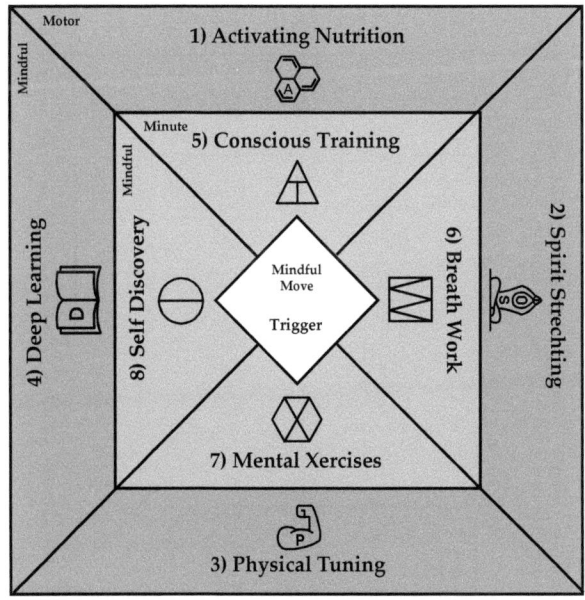

Pyramide Aufsicht

Farbbild Mindfulness Pyramid

Mindful Move
(Der Achtsamkeitstrigger)

Alltagstauglicher Achtsamkeitstrigger, der dich an die **Mindful Minute** erinnert (Spitze der Mindfulness Pyramid).

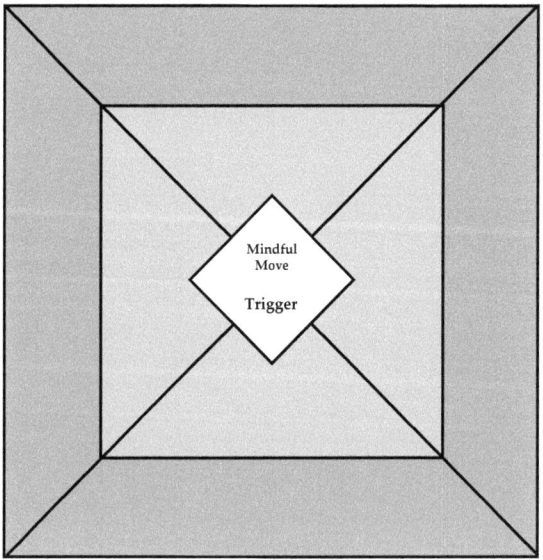

Pyramide Aufsicht

Mindful Motor
(Der Achtsamkeitsmotor)

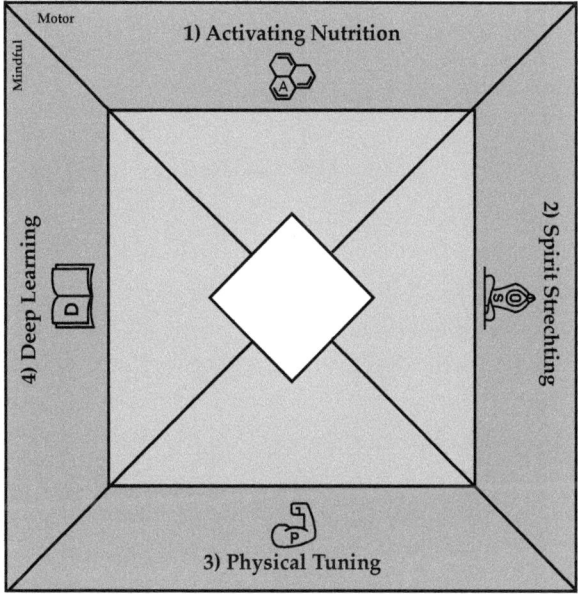

Pyramide Aufsicht

Diese Basisebene (Mindful Motor) wird in dem Buch nur oberflächlich behandelt. Du bekommst erste Einblicke in die Materie, die dich dazu anregen können, im nächsten Schritt genauer hinzuschauen. In diesem Buch konzentrieren wir uns auf die zweite Ebene der Pyramide, auf die Bewusst-Seins-Ebene (Mindful Minute). Mehr Achtsamkeit durch mehr Bewusst-Sein. Mehr Gelassenheit durch mehr Achtsamkeit im Alltag. Die Basisebene hat ihre ganz eigene Bedeutung und spielt ihr Potenzial in Verbindung mit der zweiten Ebene nachhaltig aus. Denn ein gesunder Geist und Körper bilden ein starkes Fundament, konstant am eigenen Bewusst-Sein zu arbeiten und dort gezielte Fortschritte zu erzielen. Doch wir bleiben unserem Mindful Men-Konzept treu: Es muss im Alltag mit wenig Zeiteinsatz umsetzbar sein. Aus diesem Grund kümmern wir uns zunächst darum, das Bewusst-Sein im Alltag zu steigern. Denn die Synergie funktioniert auch andersherum. Mit steigendem Bewusst-Sein entwickelt sich der Blick für das, was dir guttut. Und damit wächst auch dein Interesse an geistigen und physischen Grundlagen.

Die vier Anwendungsbereiche, um eine aktivierende Grundlage für Körper und Geist zu fördern (Basisebene der Mindfulness Pyramid).

1. Activating Nutrition (Aktivierende Ernährung)

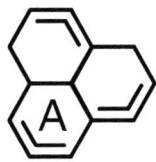

Gehört zur Basisebene der «Mindfulness Pyramid» (Achtsamkeitspyramide). Sind Körper und Geist im Einklang, haben wir eine gute Grundlage, um unsere Achtsamkeitsübungen wirklich konstant zu absolvieren. Aber keine Panik, das hier ist kein Ernährungsratgeber. Wir werfen in diesem Buch einen ersten Blick in diesen Bereich, setzen den Fokus aber auf die zweite Ebene der Pyramide, die Mindful Minute (Bewusst-Seins-Ebene).

2. Spirit Stretching (Den Geist strecken)

Zweiter Bereich der Basisebene. Den eigenen Geist zu strecken, ist nichts wirklich Neues. In der Yoga Tradition wird unter anderem genau dies praktiziert. Indem der physische Körper gestreckt wird. Dies führt mit etwas Übung nicht nur dazu, physisch beweglicher zu sein. Mit dem Körper wird auch der Geist gestreckt. Das ist weniger gut zu beschreiben, als selbst zu erleben. Man könnte sagen, dass man im Geist flexibler wird.

3. Physical Tuning (Den Körper stählen)

Dritter Bereich der Basisebene. Keine Lust mehr auf Rückenschmerzen? Dann trainiere doch mal fünf Minuten am Tag deine Bauchmuskeln. Willst du etwas abnehmen, um dich besser in deiner Haut zu fühlen? Dazu musst du nicht nur Möhrchen knabbern. Seine Muskeln zu stählen macht nicht nur Spaß, sondern verbrennt nachhaltig Fett.

4. Deep Learning (Vertiefendes Wissen)

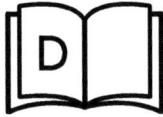

Vierter Bereich der Basisebene. Wer von uns würde sagen, dass ein bestimmtes Buch oder ein Film zu einer wichtigen Einsicht oder Erkenntnis geführt hat? Wissen kann inspirieren. Es kann alte Überzeugungen aufräumen und dich wachküssen. Jede neue Wissensquelle kann vorhandenes Wissen vertiefen oder aber auch zu einer Weggabelung neuer Erkenntnisse führen. Am Ende kann jedes Buch, jeder Film oder welche Quelle auch immer ein Puzzlestück sein, das dich zu dir selbst führt. Zur Erkenntnis darüber, wer du bist und was du willst.

Mindful Minute
(Die achtsame Minute)

Die Mindful Minute ist die achtsame Minute, der wir in diesem ersten Buch unseren vollen Fokus widmen. Die vier Anwendungsbereiche zur Steigerung des Bewusst-Seins (zweite Ebene der Mindfulness Pyramid) enthalten Einheiten von jeweils 1-2 Minuten Dauer mit dem Ziel, das Bewusst-Sein zu fördern und damit auch in der Basisebene (Mindful Motor) besser Fuß zu fassen.

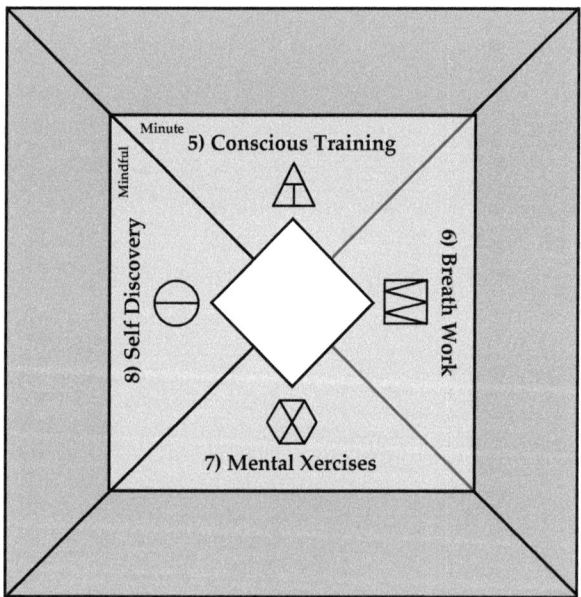

Pyramide Aufsicht

5. Conscious Training (Achtsamkeitstraining)

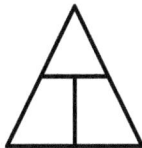

Erster Bereich der zweiten Ebene (Mindful Minute) der Achtsamkeitspyramide. Bewusst mit allen Sinnen im gegenwärtigen Moment sein. Das ist es, was Achtsamkeit im Kern ist. Einfach, oder? Nein, ist es nicht. Denn wir bewegen uns nicht in einem luftleeren Raum. Wir müssen uns diesen Raum selber schaffen, auch wenn uns der Alltagswind um die Ohren pfeift. Doch wenn wir es schaffen, hin und wieder einen Schritt zur Seite zu treten, in den Windschatten, dann erfahren wir für einen kurzen Moment, was es heißt, ganz präsent zu sein.

6. Breathwork (Bewusste Atmung)

Zweiter Bereich der Mindful Minute. Wenn der Schlüssel zum Bewusst-Sein im gegenwärtigen Augenblick liegt, dann kann deine Atmung regelmäßig der Anker deines Bewusst-Seins sein. Die Atmung geschieht unterbewusst automatisiert. Wir können atmen, ohne es zu bemerken, während wir abgelenkt sind. Aber richten wir unseren Fokus bewusst auf unsere Atmung und sei es nur für wenige Minuten, dann hilft uns der sich unendlich wiederholende Zyklus von Ein- und Ausatmen dabei, unser Bewusst-Sein im HIER und JETZT zu konzentrieren.

7. Mental Xercises (Übungen im Geist)

Dritter Bereich der Mindful Minute. Dein Mindset kann den Unterschied machen und mit den richtigen Werkzeugen kannst du dauerhaft ein Upgrade deines Unterbewusst-Seins erreichen. Die unterbewusst laufenden Programme leiten sich aus deinen Glaubenssätzen und Überzeugungen ab, die du oft schon in jungen Jahren verinnerlicht hast. Daher ist der erste Schritt in diesem Bereich, die reine Erkenntnis zu erlangen über das, was du denkst und warum, um von da aus deinen Verstand als mächtiges Werkzeug zurückzuerobern.

8. Self Discovery (Selbstfindung)

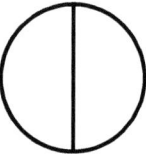

Vierter und letzter Bereich der Mindful Minute. Die Selbstfindung ist der Schlussstein dieser Ebene. Dieser Bereich ist wahrscheinlich derjenige, der uns am stärksten anzieht. Wir wollen wissen, wer wir sind, wofür wir stehen und was wir wollen. In diesem Leben, auf diesem Planeten. Da wir in diesem Buch den Fokus zunächst auf das Bewusst-Sein und das Mindset legen, wird die Selbstfindung zunächst im Ansatz behandelt und im Weiteren entwickelt.

Weitere Symbole, die in der Mindfulness Pyramid nicht vorkommen:

Unbewusst-Sein

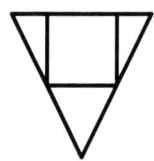

Die Ursache allen Übels braucht in diesem Buch ebenfalls ein Symbol. Immer wenn du dieses Symbol siehst, schau genau hin. Neben dem Wunschzustand ist es ebenso wichtig zu wissen, was dich bislang davon abhält. Das Ego ist clever. Es wird alles tun, um dich davon abzuhalten, deine Gewohnheiten zu ändern. Es will dich in der Komfortzone halten. Doch die Tage, an denen sich dein Ego im Dunkeln verbirgt, um dir das Leben schwer zu machen, sind gezählt!

Schlüsselmoment

Immer wenn du dieses Symbol an einem Abschnitt siehst, bietet sich dir eine Chance. Es muss nicht das Ei des Kolumbus sein oder ein Heureka-Moment. Meistens kann sich der Schlüssel nur umdrehen, wenn du selber den Schlüssel in das jeweilige Schloss steckst. Das Schloss kann so oder so daherkommen. Für den Moment ist es egal, und wir gehen JETZT nicht tiefer darauf ein. Erinnere dich daran, wenn der Schlüssel kommt, dann wirst du wissen, was gemeint ist.

4. Wo sind wir falsch abgebogen?
– Wann ging die Hetze los?

Ohne zu weit auszuschweifen, denn das brauchen wir in diesem Buch sicher nicht: Wir arbeiten hier nicht an einer Sache, die neu ist. Die noch nie getan wurde. Im Gegenteil. Uns fehlt nur manchmal der Blick auf die Dinge aus der Vogelperspektive.

Was wir vergessen haben, ist, dass Bewusst-Sein etwas mit Glauben zu tun hat. Ja, ist schon klar, das ist ein zähes Thema. Aber auch da, bleib locker. Du glaubst ja auch an den Erfolg deiner Firma. An deinen Fußballclub. Wir glauben an so manches. Sehen wir Glauben also erst mal als etwas Gutes an. Als etwas Hilfreiches. Etwas, das Kraft erzeugen, Energie entfalten, anstecken, motivieren, PS auf die Straße bringen kann.

Okay. Sowohl das Christentum als auch der Islam und andere Glaubensrichtungen haben sich die letzten 2.000 Jahre nicht gerade mit Ruhm bekleckert. Im Namen des Glaubens hat sich die Fratze des Unbewussten gezeigt wie fast nirgends anders, getoppt nur durch Politik, Industrie und Hochfinanz. Wobei ja, wenn man genau hinsieht, deutlich wird, dass die Genannten nicht mehr für sich allein den Egotrip fahren, sondern noch viel effizienter in Kombination miteinander.

Aber nehmen wir mal die Religionen dieser Welt. Ist dir dabei gar nichts aufgefallen?

Alle glauben seit jeher an dasselbe. Im Grunde mehr als offensichtlich. Schauen wir genauer hin, dann wird klar, dass alle von derselben Sache reden. Auch wenn sie es anders benennen und beschreiben. Seit Generationen glauben alle Menschen aus allen Kulturkreisen an eine höhere Macht. Und an einen Messias, der vom Himmel herabsteigt, um uns

diese Erkenntnis zu überbringen. Alle reden dabei vom selben. Nur mit anderem Namen. Von etwas, das in dieser Welt nicht greifbar ist. Wissenschaftlich nicht nachweisbar.

Aber wo hört Wissenschaft auf und fängt Glaube an? Wo kommt Wissenschaft an ihre Grenzen? Wo zählt das, was tatsächlich passiert, aber in Zahlen nicht erfasst ist?

Wenn Millionen, nein Milliarden Menschen seit Tausenden von Jahren von derselben Sache sprechen, kann man das dann einfach abtun? Im Ernst?

Nein, dann greift das Gesetz der großen Zahl. Das ist auch Wissenschaft. Es ist rein wissenschaftlich extrem unwahrscheinlich, dass so viele Menschen sich in so vielen unterschiedlichen Kulturkreisen über einen so langen Zeitraum irren. Und es geht ja nicht darum, dass von den genannten Milliarden Menschen jeder Dritte eine Gotteserscheinung hatte oder per Massenmedien oder Social Media geinfluenced wurde.

Es geht hier um gefühlte Wahrnehmung. Und das ist es auch, was als eine der Kernaussagen in diesem Buch vermittelt werden soll. Beschäftige dich eine Zeit lang mit Bewusst-Sein und wie du es in dein Leben bringst. Und du wirst sehr schnell wahrhaftige Erfahrungen machen, die keiner weiteren Erklärung bedürfen. Keinem Hirnscan. Keinem Lügendetektortest. Du fühlst es. Du weißt es.

Aber was ist geschehen? Auch wenn das Leben in der Zeit, also gedanklich unentwegt in der Vergangenheit und in der Zukunft zu verweilen, eines der Grundübel des Unbewussten ist, so nutzen wir die Historie in diesem Kapitel einfach, um herauszufinden, wo wir im Laufe der Geschichte falsch abgebogen sind und was das für uns Männer heute bedeutet in Bezug auf das Bewusst-Sein.

Ist es im ersten Moment nicht schön und beruhigend, dass du wenig bis gar nichts für dein Unbewusst-Sein kannst? Wir alle können da nichts für. Oder zumindest nur begrenzt. Wir werden in eine Welt hineingeboren, die uns prägt. Von Anfang an.

Aber Schritt für Schritt.

Grundlage des globalen Glaubens war in allen unterschiedlichen Kulturen das «göttlich Weibliche». Ja, es regt sich in dir etwas. Gefahr droht. Da kommt etwas, das du nicht kontrollieren kannst. Solltest du auch nicht.

Stell dir die Weiblichkeit, die feminine Essenz als das Meer vor, den unendlichen Ozean, mit all seinen Stürmen, mit der unendlichen Schönheit und mit seiner bis heute unerforschten Tiefe. Stell dir nun das Männliche, die maskuline Essenz als ein Boot vor, das über diesen Ozean segelt. Von A nach B, mit einem Ziel, einer Vision von neuen Ufern. Und dem Mut und der Hingabe, den Wellen, den Stürmen des Ozeans zu trotzen. Sie anzunehmen, sie gar zu verehren als etwas Majestätisches. Etwas, das du niemals wirst bändigen können. Aber als etwas, mit dem du dich vereinigen kannst, um am Ende mit seiner Hilfe dein Ziel zu erreichen. Deine Vision zu erfüllen.

Hinter jedem starken Mann steht eine starke Frau. Das wussten schon viele andere Kulturen, in denen Frauen als göttlich verehrt wurden. Es gab Epochen und Kulturen, in denen das Männliche und das Weibliche in Harmonie lebten.

Du musst hier aber zunächst etwas Wichtiges verstehen, um hinterher auch dich selbst besser zu finden und zu verstehen. Männlichkeit bedeutet nicht ausschließlich maskulin. Weiblichkeit nicht ausschließlich feminin. Mann wie auch Frau besitzen beide Anteile. Männer haben meistens mehr maskuline Anteile, Frauen mehr feminine.

Aber das ist unterschiedlich ausgeprägt. Und ein Mann mit mehr femininen Anteilen als der Durchschnitt bleibt dennoch ein Mann. Er wird aber eher eine Frau anziehen, die mehr maskuline Anteile in ihrer Persönlichkeit hat als der Durchschnitt. Wichtig ist nur, dass ein Mann mit mehr femininen Anteilen keine Frau mit überwiegend femininen Anteilen wählt. Dann würden beide nämlich am liebsten das Weite suchen.

Was hat das zu tun mit der historischen Degeneration von Bewusst-Sein? Grundsätzlich, unabhängig von wem die maskuline und die feminine Energie kam (ob von Mann oder Frau), gab es mal ein besseres Gleichgewicht zwischen den beiden auf diesem Planeten.

Doch verschiedene Ereignisse und Entwicklungen haben dazu geführt, dass am Ende auch wir Männer (egal welches Verhältnis von maskulin-feminin wir in uns tragen) ein höheres Bewusst-Sein verloren haben. Dieses Bewusst-Sein war auch Folge des Lebens in der Einheit mit dem göttlich Weiblichen. Wir waren schon mal viel weiter. Nicht technisch. Aber in Sachen Bewusst-Sein.

Oh Gott, denkst du jetzt. Und du hast recht, was sollst du JETZT dazu sagen? Du spürst Widerstand. Wieder so ein Eso-Zeug, Frauenkram, Weichei-Quatsch. Absolut nachvollziehbar. Oder was glaubst du, warum wir da sind, wo wir sind.

An diesem Punkt unserer Reise ist es noch völlig egal, ob du davon etwas annimmst, es ablehnst oder erstmal wertfrei mitnimmst. Am einfachsten ist, es erst mal nicht zu beurteilen, es einfach nur wahrzunehmen. Geh einfach weiter, über die nächste Welle hinweg.

Es gibt Gründe für die negativen Entwicklungen zwischen Männlichem und Weiblichem, die auf ökologische Entwicklungen zurückzuführen sind. In einer Zeit des Gleichgewichts waren vor Hunderten von Jahren z. B. Hitzewellen im Nahen Osten dafür verantwortlich, dass die Versorgung einer Community durch Landwirtschaft ins Ungleichgewicht geriet. Die physisch stärkeren Männer waren dazu gezwungen, die Initiative in der Versorgung zu ergreifen. Das hat das Gleichgewicht naturgegeben gekippt. Die Frauen mussten aufgrund des physischen Nachteils zurückstecken. Ihre weisen und heilenden Fähigkeiten rückten in den Hintergrund.

Nehmen wir das nächste Beispiel, eingangs bereits erwähnt. Die Kirche. Die christlich-katholische Kirche folgt seit über 2.000 Jahren offiziell einem göttlichen Ideal. Gottes Sohn ist auf die Erde entsandt worden, um uns in seinem Namen zu erleuchten.

Die Kirche ist seitdem zu einer Institution geworden. Einen ihrer Tiefpunkte bildet wohl das Mittelalter. In diesem finsteren historischen Abschnitt der westlichen Geschichte wurde das göttlich Weibliche per Gesetz verfolgt. Frauen wurden als Hexen verbrannt. Zu Tausenden. Dabei wurden nicht die Frauen an sich verfolgt. Das göttlich Weibliche, das Feminine wurde verfolgt und vernichtet. Und wir, die Männer, haben es Hunderte

Jahre nicht erkannt, dass wir damit den anderen Teil in uns vernichten. Der Teil, der uns ergänzt. Der Teil, der Einheit, Frieden und Glück bringt.

Nein, wir sind der Kirche gefolgt. Die hatte Angst vor der Macht des Weiblichen. Vor der Erkenntnis, der Liebe und der Heilung. Und wir hatten Angst vor Verurteilung. Vor der Gefahr, die von uns selber ausging. Vor dem Tod. Also ließen wir sie machen. Wir sahen weg. Wie wir auch heute wegsehen, wenn es um unser eigenes Bewusst-Sein geht. Doch die Unterdrückung des Weiblichen, des femininen Anteils und Potenzials hat dazu geführt, dass wir Männer diese Anteile nicht nur bei den Frauen, sondern auch in uns selbst verleugnet haben. Wir haben ihn verdrängt, ins Exil geschickt. Er fehlt seitdem.

Die Frauen haben sich bis heute einige Anteile davon zurückerobert. Die Aufklärung, der Feminismus, die Demokratie haben da schon viel bewirkt.

Doch JETZT folgt das nächste Problem. Wir sind diesem Zurückkehren des göttlich Weiblichen gar nicht mehr gewachsen. Mann sollte meinen, wir waren ja über Jahrhunderte sehr starke Männer. Wir sollten also mit starken Frauen umgehen können. Das können wir nicht oder nur bedingt.

Zunächst mal hat nur das System, der äußere Rahmen uns Männern «geholfen», die männliche Rolle als Versorger, Macher und Beschützer einzunehmen und auszufüllen. In der Politik und der Wirtschaft haben wir dafür gesorgt, stets Oberwasser zu haben, stets eine Nase vorn zu sein. Mit aller Härte und Intelligenz des Verstandes. Und wir wurden von eben diesen Instanzen in die Rolle des vermeintlich starken Mannes gedrängt. Wir wurden davon abgehalten, unsere Frauen zu ehren und in Einheit zu leben.

Doch nun fallen die Bastionen. Und wir Männer sollen plötzlich das Feminine in unseren Domänen zulassen. Vorlassen. Und es kommt noch schlimmer. Wir sollen feminine Rollen übernehmen. Vielmehr sollen wir wieder den femininen Teil in uns zulassen. Elternzeit übernehmen. PEKiP-Kurse machen. Windeln wechseln. Jetzt denkst du, das ist ja wohl nichts Neues. Das ist doch heute normal.

Stimmt. Aber eine Entwicklung dabei ist fatal. Und die sehen wenige. Es gibt seit den 70er Jahren eine Generation von Männern, die nur noch von Frauen großgezogen werden. Alleinerziehend. In Kindergärten und Schulen sind 90 % der Erzieher und Pädagogen weiblich.[1]

Das, in Kombination mit der völlig überfälligen Emanzipation der Frau in Gesellschaft, Politik und Wirtschaft, hat eine Generation Männer hervorgebracht, denen nun oft ihre männlichen Anteile, die maskuline Essenz fehlt.

Und langsam wird dir klar, dass das Ganze etwas komplizierter ist als gedacht. Wann bist du zu viel Macho, wann zu viel Softie? Wann ziehst du dich raus und kannst ganz du sein? Wann stehst du mitten im Sturm deinen Mann und hältst die Stellung, wie es sich für das göttlich Männliche gehört?

Uns ist die Orientierung abhandengekommen. Der Kompass. Was ist richtig, was ist falsch? Wann sind Gefühle erlaubt, wann sind Entscheidungen und Handlungen gefragt? Die Geschichte hat dem göttlich Weiblichen alles, wirklich alles abverlangt. So viel steht fest.

Aber die Geschichte hat auch eine Generation von erwachsenen Männern hinterlassen, die nur noch in Rollenbildern funktionieren. Fremdgesteuert. Entweder tough oder soft. Aber selten als starker Mann an der Seite starker Frauen. Im Gleichgewicht. Uns fehlt dafür der Grad an Bewusst-Sein, an Wahrnehmung unserer Stärke. Wir wissen nicht mehr, was einen bewussten, starken Mann ausmacht.

Aber die Zeit ist gekommen, zu der auch wir Männer neu erwachen. Für uns und zum Wohle unserer Frauen, unserer Kinder, unserer Freunde.

Die Zeit ist mehr als reif, dass wir den Frauen dabei zusehen, wie sie in ihre göttliche Weiblichkeit zurückkommen und wir selber uns dabei das göttlich Männliche zurückerobern. Um dann in Kooperation und Harmonie gemeinsam in Einheit zu wachsen.

5. Hey McFly, jemand zu Hause?
– Wann ging die Hetze los?

In der Filmreihe «Zurück in die Zukunft» zeichnet sich Doc Brown in dem Sinne durch Unbewusst-Sein aus, dass er zeit seines Lebens nur damit beschäftigt ist, technische Gerätschaften zu erfinden, die einen Nutzen für die Welt bringen. Das ist ehrenhaft. Und sicher gut gemeint. Er vergisst dabei aber sich selbst. Die Zeitmaschine ist dabei das Synonym für Unbewusst-Sein. Er schwelgt in Euphorie, wenn er sagt, dass er es kaum erwarten kann, sich selbst in der Zukunft als alten Mann zu sehen. Doch sein Leben bewusst zu leben, bis er ein alter Mann ist, das kommt ihm nicht in den Sinn. Er will das Leben selbst überspringen und sich einfach das Ergebnis seines Lebens ansehen. Zugespitzter könnte man es kaum darstellen. Doch über die Filmreihe verändert Doc sich zunehmend, als er sieht, was das Reisen durch die Zeit, also ein reines Leben in der Zeit, anrichten kann.

Doch Doc Brown wird am Ende der Serie endlich bei sich selbst ankommen und ein bewusster Mann. Dazu später mehr.

Fragen wir zunächst mal, was es für einen Mann heute heißt, im alltäglichen Leben unbewusst zu sein. Auch das ist ganz einfach. Im unbewussten Zustand gibst du die Kontrolle ab an deine Gedanken oder an dein Unterbewusst-Sein. Das ist deine unbewusste Programmierung. Denken, das wollen wir betonen, ist nicht per se schlecht. Wir haben diesen Geist nicht von ungefähr geschenkt bekommen. Wir können ihn kreativ nutzen, um Probleme zu lösen, um etwas Sinnvolles zu erschaffen, um zu neuen Erkenntnissen zu gelangen. In all diesen Fällen nutzen wir die Kraft unserer Gedanken bewusst. Mit Absicht. Wir richten unsere Aufmerksamkeit bewusst auf eine Sache. Diese kann dann sowohl im Geist (innen), als auch in der physischen Welt (außen) stattfinden.

«Bis Sie das Unbewusste bewusst machen, wird es Ihr Leben lenken und Sie werden es Schicksal nennen.»

Carl Gustav Jung

Unbewusst zu sein bedeutet im Kern, die Steuerung über die Gedanken zu verlieren. Keine Absicht. Keine Aufmerksamkeit. Im Grunde laufen wir dann einfach auf Autopilot. Denn wir hören ja nicht auf zu denken, nur weil wir die Absicht darüber abgeben. Der Unterschied zu einer bewussten Nutzung des Geistes ist, dass unbewusstes Denken eigentlich nie im HIER und JETZT passiert. Unbewusst-Sein ist geprägt von zeitbasiertem Denken. Wir haben dann automatisiert Gedanken, die sich meistens um die Vergangenheit oder um die Zukunft drehen.

«Hätte ich in dieser Situation besser dies oder das gemacht.»

«Was wird, wenn dieses oder jenes nicht klappt?»

Meist sind das Gedanken, die uns keinen konkreten Nutzen bringen, sondern eher Ängste bedienen. Sorgen machen. Schmerzen bereiten. Negative Gefühle verursachen. Wozu also? Da es aber keine bewusste Entscheidung ist, diesen Gedanken zu folgen, kann man uns keinen Vorwurf machen. Im unbewussten Zustand spült das Unterbewusst-Sein alles an die Oberfläche, was wir im bewussten Zustand bis dato nicht anschauen wollten. Das sind Emotionen wie Angst, Wut und Trauer. Emotionen, die wir irgendwann in unserem Leben selbst erfahren haben. Wir schauen uns das im weiteren Verlauf an der richtigen Stelle noch einmal etwas genauer an, einfach um es besser zu verstehen.

Puh, das war jetzt schon starker Tobak. Erstmal etwas durchatmen, Kopf freiblasen, zurücklehnen, Füße hoch.

Lasst uns doch mal kurz in die Welt eines Mannes von heute abtauchen. Was ist es, das uns am Leben fasziniert? Was fesselt uns? Und warum? Manche von uns sind Fußballfans. Ja, das soll vorkommen. Andere klettern unter Lebensgefahr Felswände hoch, während die anderen im Stadion bei einem Tor der favorisierten Mannschaft einen Schrei ausstoßen, der seinesgleichen sucht, vor allem wenn das dann 60.000 Kehlen im gleichen

Moment tun. Gänsehaut. Der Typ an der Wand hat auch Gänsehaut. Der Rennfahrer auch, der mit über 300 Sachen um den Circuit donnert. Oder der Jäger, wenn er das Reh durch den Sucher ins Visier nimmt. Warum machen Männer das? Was gibt uns das? Nervenkitzel? Andre Nalin sein Name? Schauen wir auch da etwas genauer hin. Geht nur darum, es besser zu erfassen. Und das wird dir viel bringen, GEHE DAVON AUS. Wenn du dich traust, hinzuschauen.

Die Franzosen sagen zu Orgasmus «la petite mort». Der kleine Tod. Der Zustand der höchsten emotionalen Ekstase ist der Zustand, in dem wir loslassen können. Akzeptieren. Annehmen. Einfach sein lassen. Nicht beurteilen. Nicht verurteilen. Bewusst-Sein im HIER und JETZT. Der Mann von heute muss, um sich wirklich lebendig zu fühlen, dem Tod möglichst nahekommen. Denn ein Mann muss seiner Bestimmung folgen und dabei kann er dem Tod, oder dem, wofür der Tod steht, sehr nahekommen. Seiner Bestimmung folgen kann bedeuten, sich für einen höheren Zweck zu opfern. Das zu akzeptieren bedeutet loszulassen. Das bedeutet Freiheit. Ob sich nun der Fußballer oder der Bergsteiger oder der Rennfahrer monatelang durch Training abmüht und quält, um dann das Tor zu schießen, den Gipfel zu erklimmen oder das Rennen zu gewinnen. Jeder von ihnen will diesen einen Moment erleben, diesen einen Kick, der einem Lebendigkeit verleiht. Erst wenn man durch den Schmerz gegangen ist, sich bis zum Umfallen gequält hat, durch die Todesangst gegangen ist, dann kommt man wirklich im Leben an. Kurz vorm «Tod» und in der Ekstase erfährt der Mann dann für einen kurzen Moment, was innere Einheit mit der äußeren Welt bedeutet. Im Einklang sein mit allem. Sich verbunden fühlen. Glückselig.

Nur suchen wir bei all diesen Beispielen Bewusst-Sein und damit Erfüllung. Glück bis hin zur Ekstase in künstlich herbeigeführten Situationen wie Sport, Extremsport oder gar im Krieg.

Diese Form von Bewusst-Sein ist jedoch nicht nachhaltig. Und auch nicht authentisch. Sie verschafft uns einen kurzen Bewusst-Seins-Kick. Einen kurzen «petite mort» mitten im unbewussten Alltag. Ähnlich dem Trip, den Drogen erzeugen. All das hat mit abschalten, sich fallen lassen, loslassen zu tun. Das, was wir Männer uns so sehr wünschen. Aber wir sind dabei abhängig von externen Triggern. Ohne die kommen wir nicht in diesen Zustand, und dieser Zustand vergeht leider auch viel zu schnell wieder. Und dann? Kater. Zurück im Alltag. Zurück im Unbewusst-Sein. Wir schauen dabei nur einmal kurz hinter den Vorhang und bekommen einen kleinen Vorgeschmack auf bewusstes Sein und wie sich Einheit und Ganzheit anfühlen. Und nach einem Trip brauchen wir beim nächsten Mal mehr davon, um dasselbe erlebte Gefühl wieder zu erfahren. Mehr als einen Torschrei, mehr als zwei, drei Bierchen. Eine höhere, steilere Felswand. Oder erst gar keine Sicherung. Eine noch gefährlichere Rennstrecke. Mehr PS. Mehr. Höher. Schneller. Weiter.

Und damit immer WEITER von uns selbst entfernt. Denn das Bewusst-Sein lässt sich nicht austricksen. Es lässt sich darauf ein, was du entscheidest und was du tust. Aber es zeigt dir auch nachhaltig, was du damit mit dir selbst machst. Du kannst dich dabei nicht aus der Verantwortung nehmen. Deine Entscheidungen. Deine Konsequenzen. Und da ist der Knackpunkt: Bist du bewusst bei dir, wenn du Entscheidungen triffst? Bist du dir über die Konsequenzen bewusst? Hörst du auf deine innere Stimme?

Anschalten oder abschalten?

Wir wollen nicht zu Priestern und Päpsten mutieren. Wir wollen und sollen uns die kleinen Freuden des Lebens bewahren. Nicht extrem so oder extrem anders. Es muss nicht immer nur Sport, vegane Ernährung, Achtsamkeit oder Persönlichkeitsentwicklung sein. Wenn wir mal Bock auf `ne Pommes haben, why not. Mal `n Rotwein oder `n Cocktail an der Bar, na sichi. Aber was machen wir auf der anderen Seite? Bitte als Ausgleich keine Felswand ohne Sicherung, nicht jedes Wochenende im Stadion die «Fahne» schwenken oder mit 300 Sachen über die Isle of Man heizen.

Aber wie dann?

Im Grunde haben wir keinen Plan, wie wir auf natürliche Weise in einen dauerhaft bewussten Zustand gelangen können. Viele von uns Männern kommen leider nicht mal dann zu Bewusst-Sein, wenn wir eigentlich dazu die Möglichkeit hätten. Und wir HABEN die Möglichkeit. Falls wir uns aus dem typischen Hamsterrad oder Steinbruch (Jabadabadu) noch nicht befreit haben und damit grundsätzliche Freiheit gewinnen (siehe Smart Business Concepts oder D.Tect), haben wir morgens, wenn der Tag beginnt, im Auto auf dem Weg zum Unternehmen (oder besser noch auf dem Rad), in den Pausen oder nach Feierabend genug Möglichkeiten. In Form kleiner verfügbarer Zeitslots. Doch im Normalfall lenken wir uns in diesen Situationen wie oben beschrieben lieber ab.

Wir nennen das dann Durchschnaufen. Runterkommen. Abschalten.

Aber was schalten wir ab? Oder wovon schalten wir ab? Die meisten von uns Männern schalten in der Pause nicht ab, sondern um. Vom Laptop aufs Smartphone. Nach einem harten Arbeitstag schalten wir nicht wirklich ab, sondern eher etwas an, z. B. den Fernseher. Wir konsumieren. Einen Film, dazu ein Bier und eine Pizza. Vielleicht ist es auch schon nicht mehr so schlimm wie hier geschildert. Aber richtig runterfahren tun viele von uns nicht.

Einen Film schauen, ein Bierchen trinken. Das verbinden wir mit Ruhe. Mit Entspannung. Mit Beruhigung. Ein Bierchen mit Freunden in netter Runde, dagegen ist nichts einzuwenden, im Gegenteil. Am Grill stehen oder im Fußballstadion. Das macht Spaß. Alles gut. Das soll auch so bleiben. Es sind schließlich auch die kleinen Freuden, die happy machen, richtig? Aber auch da ist die Frage, ob das alles ist und ob uns das dauerhaft die Erfüllung bringt, die wir uns ersehnen. Der Ausgleich aus zwei Seiten bringt die innere Mitte. Den inneren Frieden. Der Fußballfan auf der Tribüne im Stadion will doch im Grunde genauso wie der Stürmer auf dem Platz seinen eigenen «petite mort» erleben. Er will sich auch in Ekstase verlieren und für einen Moment loslassen und alles andere vergessen. Unterstützt von zwei, drei Bierchen und dem Kumpel oder Unbekannten. Egal!

Die Effekte sind dieselben wie beim Stürmer. Ekstase, kurzes Bewusst-Sein im JETZT und dann wieder zurückfallen in den unbewussten Zustand.

Kopfkino

Das ist Ablenkung durch Unterhaltung. Genauso beim Konsum von Medien können wir keineswegs wirklich runterfahren und uns entspannen. Zumindest unterbewusst nicht. Denn das Unterbewusst-Sein kann erwiesenermaßen nicht zwischen Film und Realität unterscheiden. Es kann nicht mal unterscheiden, ob wir gerade Realität erleben oder ob unsere Gedanken das bloß erfinden. Es kann nicht differenzieren zwischen reiner Vorstellung und der Wirklichkeit. Damit reagieren unser Körper und unser Gehirn auf alles, was sie in dem Film wahrnehmen.

Diese «gelebte» Erfahrung nimmst du dann mit dir ins Bett und in deinen Schlaf. Auch das merkst du nicht bewusst, aber in deinen Träumen, bzw. in deinem Unterbewusst-Sein verarbeitest du diese Erfahrungen. Damit bist du in gewissem Sinne fremdgesteuert durch die vorherige Ablenkung. Das passiert auch bei einem hohen Grad an Smartphone-Nutzung, Onlineshopping und sonstigen Ablenkungen. Wenn es darum geht, die Zeit mit Ablenkung zu füllen, die dafür geeignet wäre, sich selbst bewusster zu werden, sind wir sehr kreativ. Als wollten wir es tunlichst vermeiden, nichts zu tun.

Eines erreichen wir damit definitiv nicht: Entspannung, Beruhigung, Reflexion und damit steigendes Bewusst-Sein mit seinen für uns positiven Folgen.

Auch hier gilt wieder: Mal bewusst einen anspruchsvollen Film, oder eine inspirierende Serie zu schauen heißt, die Sinne und den Verstand so mit Absicht und Aufmerksamkeit einzusetzen, dass das Konsumierte uns Erkenntnisse bringt. Unseren Geist erweitert. Und uns auf Ideen bringt. Uns motiviert, etwas oder jemandem etwas Gutes zu tun. Etwas zu erschaffen. Alles andere ist nur Beruhigung des Egos. Leichte Kost, in der sich das Unterbewusst-Sein Platz macht und wir wie in Trance alles auf Autopilot mit uns geschehen lassen. Das nennt man sich berieseln lassen. Du kennst das Bild vom Typ auf der Couch, der auf den Bildschirm starrt und dem der Mund offensteht.

Knock, Knock, Neo

Unbewusst-Sein heißt, nicht bei dir zu sein. Im Alltag führt das dazu, dass du ständig äußeren Triggern ausgesetzt bist. Du wirst ständig mit deiner eigenen Unbewusstheit konfrontiert. Der Autofahrer, der dich durch seine Fahrweise aufregt, und der Stau, in dem du mal wieder stehst. «War ja klar!» Die unfreundliche Kassiererin im Supermarkt und die falsche Wahl der Schlange, an der du dich anstellst. «Wie immer.» Deine Kinder, die einfach nur laut und fordernd sind. «Muss das jetzt sein?» Deine Frau, die dich sowieso die ganze Zeit mit deinen

Schwächen konfrontiert und dir deine Unzulänglichkeiten spiegelt. «Ich mach ja eh alles falsch.»

Zum aus der Haut fahren. Zum Davonlaufen. Ich geh´ dann mal ins Stadion. Oder klettern ...

Aber tritt mal einen Schritt zurück. Schau dir das mal von außen an. Versuche dich selbst dabei zu beobachten, oder besser noch, versuche dich aus der Sicht des anderen zu sehen.

Versuche es mal so zu sehen, dass dir jemand (einer der genannten und noch viele andere Menschen und Situationen) eventuell etwas sagen oder zeigen möchte. Vielleicht haben sie dir eine wichtige Botschaft zu überbringen. Eine Botschaft, die dir zeigen soll, wie weit du gerade selber von dir entfernt bist. Gehe davon aus, dass da JETZT was Wichtiges für dich verborgen ist.

Merke dir dazu einen Satz:

Du kannst den Postboten nicht verantwortlich machen für das Paket, das er dir liefert. Und schon gar nicht für den Inhalt des Paketes.

Wir sind wieder an dem Punkt, an dem du entscheiden musst, das Gelesene zu akzeptieren oder das Buch zuzuklappen und dich besser hintern Grill zu stellen. Und das ist ein wichtiger Kern hier. Dinge zunächst einfach wahrzunehmen und sie bedingungslos anzunehmen. Es geht erst mal nicht darum, ob etwas falsch oder richtig ist. Es geht erst mal gar nicht darum, sie zu beurteilen. Oder zu verurteilen. Nimm es wahr, akzeptiere es erst mal und mach dir dann nach und nach ein Bild davon. Es wird dich befreien. Das hat etwas mit Hingabe zu tun. Eine mächtige Tugend. Es wird nicht viele Stellen in diesem Buch geben, die dich mit etwas konfrontieren, das du dir aktuell vielleicht noch nicht erklären kannst oder willst. Aber diese Stellen sind vermutlich entscheidende Weichen für dich. Abzweigungen. Türen. Du erinnerst dich an dieses sagenumwobene Bauchgefühl, diese innere Stimme, auch Intuition genannt. Folge ihr JETZT einfach. Falls du Widerstand spürst, achte darauf, wo dieser herkommt! Intuition kommt aus dem Bauch oder aus der Herzgegend. Widerstand kommt aus dem Verstand, also aus der Kopfgegend.

Also: Kennst du diese Situationen? Diese äußeren Trigger, die dich machtlos machen? Die dich so stark emotional beeinflussen, dass sie dir das Heft des Handelns aus der Hand nehmen? Dann wirst du zum Spielball deiner äußeren Welt. Ohne Kontrolle über dein Bewusst-Sein. Und das macht auf Dauer unzufrieden. Gereizt. Unruhig. Und diese Unruhe im Geist, das Symptom des Getriebenen, macht auf Dauer körperlich krank. Unweigerlich. Weil Körper, Geist und Seele nicht in Harmonie sind. Du tust dir selber etwas an, das dir nicht guttut. Dein Körper und deine Seele liefern dir irgendwann die Quittung dafür. Und du merkst nicht, dass die Ursache des Ganzen nicht im Außen zu suchen ist. Sondern im Inneren.

Spirale

Du hast diese Probleme so gar nicht? Kein Stadion? Keine steile Felswand? Keine Rennstrecke? Und auch sonst findest du dich hier wenig wieder? Oder bist schon in Portugal zum Surfen, hast 'n Onlinebusiness, aber bist dennoch oft irgendwie drüber? Dann lies weiter. Wie beantwortest du dir selbst aufrichtig diese Fragen?

- Wie oft bist du durch deinen Job und dein Leben, so wie du es aufgestellt hast, gestresst?
- Verspürst du regelmäßig innere Unruhe? Fühlst du dich getrieben?
- Kannst du den Erfolg, den du dir erarbeitet hast, auch wirklich genießen?
- Hast du manchmal das Gefühl, das Leben zieht einfach konstant wie ein ICE in voller Fahrt an dir vorbei?
- Hast du das Gefühl, du kannst wirklich richtig abschalten? Bei dir sein? Reflektieren?
- Bist du oft mit deinen Gedanken bei deinen Projekten? Immer bei der Arbeit? Bei deinen Mitarbeitern? Bei deinen Kunden?
- Weißt du manchmal nicht, woran du als erstes denken sollst, oder denkst du oft an mehrere Dinge gleichzeitig?
- Weißt du manchmal nicht, was du als nächstes erledigen sollst?
- Hast du Zukunftsängste, obwohl du grundlegend erfolgreich bist?
- Fragst du dich grundsätzlich, ob das alles so richtig ist, was und wie

du es tust?
- Hast du die Fähigkeit, zu deinen Gunsten und zum Wohle deiner Freundin/Frau/Familie Nein zu sagen?
- Hast du manchmal ein schlechtes Gewissen deiner engsten Vertrauten oder deiner Familie gegenüber, weil du sie vernachlässigst, zu wenig an sie denkst, sie zu wenig einbeziehst?
- Macht es dich unglücklich und unzufrieden, wenn du realisierst, wie du dir diese Fragen beantworten musst?

Gut, erst mal danke und Respekt, wenn du an dieser Stelle durchgezogen hast und ehrlich mit dir selbst warst. In den Spiegel zu sehen und das zu tun, das fällt uns schwer, keine Frage. Denk dran, du bist nicht allein. Und gehst du JETZT und HIER weiter, wird der Blick in den Spiegel zukünftig etwas Befriedigendes sein.

ZDF – Zahlen, Daten, Fakten

Also. Was ist, wenn wir so weitermachen? Gar nicht so schwer, sich das auszumalen. Aber wir müssen uns das nicht ausmalen. Wir sind hier ja nicht bei Malen nach Zahlen. Wenn du magst, schauen wir ZDF. Wir schauen uns ganz nüchtern die Zahlen, Daten und Fakten an. Das ist es doch, was uns bislang eher überzeugt hat als sonstiges Gelaber, right?

Stress ist der Begriff schlechthin bei Untersuchungen und gilt als Auslöser der meisten Symptome. Stress tritt bei hoher Belastung bzw. ursprünglich bei Kampf- und Fluchtsituationen auf. Der Körper schüttet Adrenalin und Cortisol aus. Alle Bereiche des Körpers sind dabei betroffen. Die Bronchien weiten sich, die Atmung wird schnell und flach. Dadurch erhöht sich die Herzschlagfrequenz. In der Folge steigt der Blutdruck, die Blutgefäße verengen sich. Die Muskulatur wird stärker durchblutet und spannt sich mehr an. Der gesamte Körper stellt sich auf einen höheren Energieverbrauch ein und schüttet mehr Zucker im Blut aus. Die Verdauung dagegen wird vorübergehend auf Sparflamme gesetzt und die Schmerzempfindlichkeit wird reduziert. Das gesamte Körpersystem ist in erhöhter Alarm- und Handlungsbereitschaft.

Ist der Säbelzahntiger an unserer Höhle vorbeigeschlichen, wird die Hormonproduktion wieder zurückgefahren. Der Körper und damit auch der Geist beruhigen sich wieder.

Was aber, wenn in unserem Leben oder in unserem Kopf der Säbelzahntiger unentwegt von links nach rechts vorm Höhleneingang hin- und herschleicht? Immer wieder den Kopf in unsere Richtung neigt und die Zähne fletscht?

Jetzt kommen wir der Sache näher. Entweder die Dinge im Außen, alles, was wir hier zuvor beschrieben haben, alle Trigger in Alltag und Job, suggerieren uns konstant eine Alarmsituation. Oder wir hadern in unserem Kopf, in unseren Gedanken über Vergangenes und projizieren Sorgen und Ängste in die Zukunft. Beides führt zu denselben körperlichen und psychischen Reaktionen:

Geist (gern auch als Psyche betitelt)

- Innere Unruhe und Anspannung
- Negativität und Pessimismus
- Nervosität
- Reizbarkeit und Wut
- Unzufriedenheit
- Sorge und Angst
- Konzentrationsschwächen
- Aufmerksamkeitsdefizit
- Niedergeschlagenheit
- Vergesslichkeit
- Vermindertes Selbstwertgefühl
- Kein Selbstvertrauen

Auch hier eine ganz einfache Frage an dich: Welche dieser Punkte treffen auf dich zu, wenn du ehrlich in dich hineinlauschst? Wo bekommst du beim Lesen einen Impuls? Unterstreiche diese Punkte. Und welche Konsequenzen hat das für dich, deine privaten Beziehungen und deine beruflichen Partnerschaften? Notiere Stichpunkte, die dir JETZT spontan kommen:

_____

_____

_____

_____

_____

Wenn du nichts änderst

Klar, mit Mitte 20 und auch noch bis Mitte 40 stecken wir das weg. Je nach Grad des Unbewussten und damit der Schwere der Folgen vielleicht sogar länger. Vielleicht aber auch nicht. Wollen wir es nicht beschreien.

Ist das Hamsterrad Tagesgeschäft, dann setzen wir den Geist dauerhaft den genannten Symptomen aus. Dann haben wir uns unbewusst in eine Spirale manövriert, die das Stresslevel konstant hochhält.

Der Geist kann das aber nicht dauerhaft mitmachen. Nehmen wir einen Küchenmixer. Der kann auf Stufe 1 eine sehr lange Zeit laufen. Schaltest du ihn aber in die Turbostufe, so kannst du zwar in kurzer Zeit viel zerkleinern, der Motor überhitzt aber sehr schnell. Die Belastung ist hoch und die Konfiguration ist bei der Belastung nur für eine kurze Nutzung ausgelegt. Ein paar Sekunden zu viel und es beginnt unangenehm verkokelt zu riechen und ein paar weitere Sekunden später ist Endstation. Das Ding ist hinüber. DURCHGEBRANNT.

Wärest du jetzt der Mixer, hieße das modisch BURNOUT. Gute Nachricht. Du lebst.

Ein Burnout mag man sich nicht so gerne vorstellen. Vor allem nicht, wenn man meint, nichts kann einem etwas anhaben. Der ewig Junge. Wir wissen, wovon wir reden.

Und wieder geht es um Kontrolle. Wir haben alles im Griff. Das Steuerrad darf uns nicht entgleiten. Alles ist von uns abhängig. Haben wir so gelernt. Wird uns so vorgemacht. Kennen wir keine Alternative dazu.

Aber es geht noch schlimmer. Und wir sind ja hier, um offen, ehrlich und direkt miteinander zu sein. Das haben wir im Eingang des Buches vereinbart, right?

Wir haben Unternehmer gesehen, die mit Mitte 50 wegen eines Schlaganfalls umkippen. Oder mit Anfang 40 diesbezüglich noch mal mit dem Schrecken davonkamen! Männers, das ist kein Hexenkreis hier. Keine Teufelsbeschwörung. Das passiert jeden Tag da draußen.

Schon mal `ne Panikattacke gehabt? Im Auto vielleicht so einen leichten Schwindel im Kopf, der dir Angst gemacht hat, weil du gleich die Kontrolle verlierst? Der überwiegende Teil von uns könnte eine solche Geschichte erzählen. Tun wir aber nicht. Weil wir stark sein müssen. Und unlustigerweise ist das eine der Ursachen. Wegschauen. Ignorieren. Strapazieren.

Eine Panikattacke ist ein Zustand plötzlich auftretender intensiver Angst. Die wird oft begleitet durch:

- das Gefühl des kompletten Kontrollverlustes über Geist und Körper
- Schwindel oder Benommenheit
- das Gefühl bevorstehender Ohnmacht
- Herzklopfen und/oder Herzrasen
- das Gefühl des zu Boden gezogen werdens
- Atemnot, Hyperventilieren oder Erstickungsangst
- Kälteschauer oder Hitzewallungen
- Schweißausbrüche
- das unangenehme Gefühl, etwas Wichtiges vergessen zu haben
- Beklemmungsgefühl in der Brust
- Bauchschmerzen oder Übelkeit
- das Gefühl von Schutzlosigkeit
- Kontrollverlust über den eigenen Körper
- das Gefühl von Nacktheit

Das klingt doch mal nach Urlaub. Wünscht man aber seinem besten Feind nicht an den Hals. Und sich vorzustellen, dass einen selbst so etwas übermannt, löst an sich schon fast die Panikattacke aus.

Okay, wieder weg vom «mit 100 Sachen gegen die Betonwand»-Szenario zurück zu grundsätzlichen Folgen von dauerhaftem Stress durch Unbewusst-Sein, diesmal aber körperlich. Muss Mann verstehen. Stress wirkt sich zunächst auf den Geist aus. Wir entscheiden uns unbewusst zu sein oder sind unterbewusst unbewusst. Fremdgesteuert. Autopilot. Da legt unser Geist sein Veto ein, weil er weiß, dass wir uns und anderen damit schaden. Das überhören wir. Ignorieren es. Dann sendet uns unser Geist die nötigen Warnsignale (siehe oben). Als Folge aber reagiert auch der Organismus darauf. Der Körper ist dein Vehikel. Und das kannst du getrost mit einem Computer vergleichen, den wir ja nicht umsonst einem menschlichen Organismus nachempfunden haben.

Nehmen wir wie bei dem Mixer-Beispiel wieder an, wir überlasten das System, indem wir viel zu viele Programme im Hintergrund laufen lassen. Dazu ignorieren wir Sicherheitsupdates und lassen Tür und Tor auf für Malware, also schadhafte Software, die wir in unser System eindringen lassen, weil wir uns nicht gut um das System kümmern. Wir belasten es einfach nur. Wir pflegen und warten es aber nicht. Wir achten nicht darauf, was wir installieren, und wir schauen auch nicht darauf, welche Programme für unsere Konfiguration geeignet sind und welche zu Überlastungen führen. Zunächst gibt es Softwareprobleme. Aussetzer. Abstürze. Im schlimmsten Fall Bluescreens (Burnouts).

Doch wer es nicht glaubt, muss es erleben. Softwareschäden können dauerhaft die Hardware lahmlegen. Viren und Trojaner können Festplatten, Arbeitsspeicher und CPU zerstören. Wir müssen nicht weiterreden. Das Bild ist eindeutig, okay?

Was passiert bei dauerhafter Unbewusstheit mit der Hardware (Körper)?

- Erhöhter Puls (gestörte Taktfrequenz)
- Bluthochdruck (CPU auf Hochtouren)

- ⇨ in der Folge Herzrasen (CPU Überlastung)
- Herzrhythmusstörungen (CPU Aussetzer)
  - ⇨ in der Folge Herzinfarkt (Systemabsturz)
- Schlafstörungen (dauerhafter Standby-Modus)
  - ⇨ in der Folge Übermüdung/ Energiemangel (defektes Herunterfahren)
- Appetitlosigkeit (Störungen in der Stromversorgung)
  - ⇨ in der Folge Essstörungen (defektes Netzteil)
- Gedächtnisverlust (Aussetzer Festplatte)
  - ⇨ in der Folge Schlaganfall (defekte Festplatte)
- Tinnitus (Aussetzer bei interner Soundausgabe)
  - ⇨ in der Folge Hörsturz (Defekt bei Soundausgabe/Lautsprecher)

Dazu hier noch ein paar weitere Auswirkungen, bei denen die Verbindung zu Computern JETZT gerade etwas kompliziert ist. Wir sind offen für Input unter crowd@mindfulmen.de:

- Sodbrennen
  - ⇨ in der Folge Magen-Darm-Beschwerden
  - ⇨ bis hin zu Magengeschwüren
- Starker Durst
- Gewichtsverlust
- Heißhungerattacken
- Häufiger Harndrang
- Schlechte Wundheilung
  - ⇨ in der Folge chronische Diabeteserkrankung
- Geschwächtes Immunsystem
- Hautkrankheiten
- Verspannte Muskulatur

Mal im Ernst, Männers. Habt ihr JETZT auch so den Kaffee auf? Das ist doch das allerletzte Kapitel. Zumindest inhaltlich. Wir sind doch eher mit dem halb vollen Glas unterwegs. Aber nicht nur metaphorisch vermutlich …

Macht nichts. Ab JETZT wird´s bewusster. Ab JETZT wirst du Lösungen serviert bekommen. Erstmal «nur» etwas Wärme und Orientierung durch echte Geschichten aus dem wahren Leben. Storytelling nennt sich das. Man soll ja immer wahre Geschichten erzählen. Das haben wir uns bis dato erspart. Aber etwas «nach wahren Begebenheiten» gibt es auch hier auf die Augen.

In a nutshell

Wozu führt dauerhafte Unbewusstheit? Was passiert, wenn wir dauerhaft nicht bei uns sind? Nicht im HIER und JETZT?

Wichtig ist zu verstehen, dass es immer Auslöser und Symptome gibt. Ursache und Wirkung. Und hier ist es noch ein bisschen verzwickter. Stress ist zwar der Auslöser für körperliche und geistige Symptome. Aber der Auslöser von Stress wiederum ist ein dauerhaft unbewusster Zustand. Wenn wir nicht die Kontrolle und Hoheit über unseren Geist, über unsere Gedanken haben. Wenn wir nicht entscheiden können, ob wir denken oder einfach nur sind. Wenn wir nicht entscheiden können, was wir denken, sondern im unbewussten Autopilot laufen. Wenn wir den gegenwärtigen Moment, in Form von Menschen, Situationen und Dingen, nicht über unsere Sinne bewusst wahrnehmen und damit wertschätzen und genießen können. Wenn unser Ego-Verstand all dies unbewusst nur bewertet und verurteilt.

Erst dann beginnt der Stress in uns zu wüten. Erst dann leidet der Geist und in der Folge zeigen sich die körperlichen Leiden als logische Konsequenz.

Sieh das alles doch mal positiv. Du bekommst sowohl von außen als auch von innen ständig Rückmeldung. Jeden Tag, jede Stunde, jede Minute, JETZT bekommst du alles an Feedback, das du brauchst. Du musst nur hinhören. Du musst dazu nur bewusst sein. JETZT und HIER.
Hör einmal hin und du wirst herausfinden, was dir fehlt und was du brauchst.

6. Du bist nicht allein
– Die Geschichte zu Mindful Men

Wenn du weißt, was dir fehlt und was du brauchst, kann dir das zunächst wie eine große Last vorkommen. Klar, du hast nie dahin gesehen. Sieht aus wie ein großer Berg. Wer soll den denn allein wegräumen?

Aber du bist nicht allein. Merke dir das. Ab JETZT.

Und dieses Kapitel ist nicht das Unwichtigste, so viel sei dir ebenfalls gesagt. Ohne, dass wir zu viel Zeilen darauf verwenden wollen, was uns selber dazu gebracht hat, JETZT genau HIER zu sein und zu dir zu sprechen. Doch hinter jeder authentischen Geschichte, die uns inspiriert, stehen echte Menschen. Echte Schicksale. Ein Weg. Eine Entwicklung. Schmerzen. Eine Vision. Ein höherer Sinn hinter allem. Entscheidungen. Befreiung. Erfüllung. Es ist niemals das viele Geld. Niemals die fette Karre oder der protzige Schuppen. Forget about it. Ist überholt. Bringt mehr Probleme als Glück. Wie sagte Tyler Durden in Fight Club so treffend: «**Alles was du hast, hat irgendwann dich!**»

> «Erst der Mensch, der eine so kühne Vision entwirft, die ihn zu verschlingen droht, kann glücklich werden.»
>
> Lisz Hirn

Das heißt nicht, dass du nicht in Fülle leben sollst. Im Gegenteil. Aber die Herangehensweise ist dabei entscheidend. Vision first. Then money follows vision. Elon Musk Style. Alles einsetzen. Alles geben. Alles ernten. Aber zu einem höheren Zweck. Ist dir das zu romantisch? Passt es nicht zum knallharten Business-Style? Vielleicht ist ja genau da etwas für dich verborgen, das du bislang noch nicht in Erwägung gezogen hast. Wie auch? Wir lernen es anders. Kapitel eins im BWL-Studium? Shareholder Value. But what about Common Sense? Planet and People Value? Purpose?

Nach meinem kompletten Erwachen im Jahr 2014 habe ich das für mich mit den Begriffen «Nutzen, Mehrwert und Kooperation» beschrieben. Das hat sich nach und nach entwickelt zu meinen Kernmotiven «Vision. Mission. Kooperation». Alles, was ich seitdem tue, geht immer von einer Vision aus. Es kommt aus mir und hat immer mit meiner Bestimmung zu tun: *das Bewusst-Sein in der Welt zu steigern.*

Die Mission ist die jeweilige Lösung, das Angebot, das Produkt oder der Service, durch den der Nutzen und die Innovation transformiert werden.

Kooperation meint die freie Entfaltung der Mission in der Welt. Sei offen für andere Menschen und trete in Verbindung mit ihnen. So werden Vision und Mission vervielfältigt.

Wenn du alles, was du im Leben tust und erschaffst, an deiner Bestimmung ausrichtest, kannst du gar nichts falsch machen. Das weiß ich mittlerweile. Das ist kein einfacher Weg. Aber er lohnt sich.

Weiterhin haben mich immer gute Ideen und Innovation begleitet. Heute weiß ich, dass ich Trends und Bewegungen voraussehen und daraus neue Lösungen für morgen schon heute erdenken und konzeptionieren kann. Innovation ist nichts anderes als natürliche Erneuerung. Evolution. Hält man diese künstlich auf, indem man nicht adäquat zur gesellschaftlichen Entwicklung und zum steigenden Bewusst-Sein die Lösungen anpasst, dann entlädt sich das politisch-gesellschaftlich in Revolution und wirtschaftlich in Disruption. Elon Musk Style again. Get it done, when no one else is brave enough.

Moment mal. JETZT stockst du, oder? JETZT ist etwas anders hier. Bislang haben wir dieses Buch bewusst nur in der DU- oder WIR-Perspektive geschrieben. ICH kam bislang nicht vor. Warum? Zunächst mal geht es hier um dich. Du hast das Buch gekauft, du liest das Buch. Du sollst das Buch für dich anwenden. Du sollst Nutzen daraus generieren. Für dich, für alle, die dir wichtig sind, und für alle, denen du wichtig bist. Punkt.

Daher richten wir den Inhalt bewusst auf dich aus.

Außerdem sprechen wir in der WIR-Form. Warum? Weil wir dieses Buch für uns geschrieben haben. Für uns Männer. Das geht zunächst mal uns etwas an. Aber nicht so, wie du jetzt denkst. Nicht aus Eigennutzen. Sondern aus Eigenverantwortung.

Und was ist mit den Frauen? Sind die nicht auch betroffen? Natürlich sind sie das! Aber durch wen sind sie das denn? Also, regeln wir das JETZT mal und alle werden profitieren. Vor allem unsere Frauen. Die immer hinter uns stehen. Uns den Rücken freihalten. Uns folgen, wenn wir in unserer höchsten Vision leben. Wenn wir in unserer Mitte sind und unserer Bestimmung folgen. Und dabei nicht ihre Familie vergessen. Dann gehen sie mit. Aber: Wenn wir uns darin und dabei verlieren, dann zeigen sie uns das. Und das völlig zu Recht. Machen wir uns nichts vor: Sie sind unser Spiegel.

Liebe Frauen, an dieser Stelle ein Shoutout von uns, den Mindful Men, an euch: Wir haben euch nicht vergessen. Im Gegenteil. Ihr seid unsere größten Verbündeten.

Viele von uns Männern werden dieses Buch nicht kaufen, obwohl es ihnen helfen würde. Die Widerstände sind einfach konditioniert sehr groß. Also auch kein Vorwurf an euch, Männers. Aber wer hat denn noch den besten Zugang zu uns? Auf wen hören wir noch am ehesten? Das sind unsere Frauen. Das sind nicht unsere besten Freunde. Die reden uns gut gemeint doch eher noch gut zu. Korrekt?

Also, liebe Frauen, die ihr unsere Begleiterinnen seid, an dieser Stelle High Five. Ich weiß nicht, ob es die richtige Stelle im Buch ist, das zu tun, aber es muss einfach gesagt sein.

JETZT aber mal zu uns. Nicht zu uns MÄNNERN. Sondern zu uns, Männer. Zu Ulli und zu mir. Ihr sollt wissen, mit wem ihr es hier zu tun habt. Wir stehen hinter und vor der Marke Mindful Men. Wir sind Mindful Men und wir wollen mehr Mindful Men da draußen sehen. Und glaubt nicht, dass wir schon fertig sind. Dann säßen wir nicht mit euch hier in einem Boot. Auch für uns ist das nach wie vor eine Reise mit fernen Ufern. Mit

Höhen und Tiefen. Immer mit dem Blick auf das JETZT. Auf die innere Mitte. Und auch wenn uns das nicht immer gelingt, heißt das nicht, dass dieser Weg falsch ist. Wir wissen und fühlen ja bereits die Veränderungen. Die Effekte von Bewusst-Seins-Steigerung sind nicht nur nicht wegzudiskutieren. Sie stehen fest wie ein Granitblock. Gefühlte Erfahrung ist der einzige Beweis, den du brauchst. Und wenn du uns darin folgst, es einfach zu versuchen, dann sprechen wir uns hinterher und sehen von da aus weiter, in Ordnung?

Also, die Geschichte zu Mindful Men beginnt Ende 2018 auf dem Solopreneurday der Conta Grombergs (Smart Business Concepts). Ihr habt sie in der Einleitung ja schon kennengelernt.

Aber bevor wir den Oktober 2018 in den Fluxkompensator eingeben, reisen wir noch etwas weiter zurück in die Vergangenheit. Tja, im ganzen Buch geht es im Grunde um das HIER und JETZT und ausgerechnet da, wo wir uns vorstellen, reisen wir wie Doc und Marty quer durch die Zeit. Ironie ist doch was Feines.

Wir schreiben den Juni 2014. Ich, Daniel Scheffer, bin zu diesem Zeitpunkt 36 Jahre alt und habe schon einiges hinter mir. Seit dem Abitur 1998 (3,3er Schnitt) habe ich neben allem, was ich gemacht habe, konstant getrunken. Durchgängig bis 2014. Das sind 16 verdammte Jahre. Und glaub nicht, dass ich deswegen nichts auf die Kette bekommen habe. Mein Glück war vielleicht, dass ich es innerlich nicht dazu habe kommen lassen, mit Schnaps in der Gosse zu enden. Aber ausgeschlossen war das sicher nicht. Ich will hier direkt mal eines klarstellen: Alkoholiker gibt es nicht. Workaholics gibt es nicht. Ich habe einmal die anonymen Alkoholiker besucht. Das hat sich für mich nicht richtig angefühlt. Klar, weil ich weiter trinken wollte, könnte man einwenden. Aber heute weiß ich, dass mein Gefühl richtig war. Egal, ob du zu viel und zu regelmäßig trinkst, arbeitest, isst, spielst, vögelst oder dich sonst wie ablenkst, dich kontrollierst oder dich lähmst: Dir geht es nicht besser, nur weil du damit aufhörst. Oder sagen wir es anders. Dir geht es zunächst mal besser (nach ca. drei Tagen). Du wirst erst mal bewusster. Klarer. Präsenter. Das ist gut. Doch dich holt irgendwann immer die Ursache ein. Der Grund, warum du das machst. Das konnten wir uns bereits im Abschnitt «Unbewusst-Sein» anschauen.

Wut. Trauer. Angst. Auf jeden Fall Schmerzen. Innen. Emotional. Und die wiederum kommen aus Prägungen. Aus Traumata. Erziehung. Schule. Medien. Und du musst nicht unbedingt geschlagen oder missbraucht oder gemobbt worden sein. Du kannst andere Dinge mit dir auf den Weg genommen haben, die dich potenziell ein Leben lang begleiten und stark beeinflussen können.

2014 habe ich meinen Schlüsselmoment gehabt. Meine damalige Freundin, die Mutter meiner Kinder, hat mir gesagt, dass es vorbei ist. Und so sehr man auch jahrelang vor seinem Schmerz davonlaufen kann. Dieser Schmerz ist unmittelbar und unausweichlich. Und das sind die Momente, die wir brauchen, um etwas Entscheidendes zu ändern. Und das habe ich. Immer in der Hoffnung, dass es noch einmal einen Weg zurück gibt. Aber auch dabei habe ich mir etwas vorgemacht. Diese Beziehung war auch nur ein weiterer Hafen, den ich immer wieder anfahren konnte, wenn die Stürme meines Lebens zu stark wüteten. Doch man muss auch mal untergehen. Man muss mal auf den Grund des Ozeans sinken. Manchmal musst du sterben, um wieder wirklich leben zu können.

Ist das eine typische Heldengeschichte? Nein. Denn ich habe danach nicht die Welt im Sturm erobert. Das Leben ist und bleibt eine Reise. Wie sagt man so schön, die erste Hälfte des Lebens ist zum Lernen, die zweite zum Leben. Ich komme mit heute 43 zumindest langsam dahin, dass ich weiß, was damit gemeint ist.

Unmittelbar mit sich selbst konfrontiert zu werden. Das ist es, was man braucht, um zu erwachen. Jeder auf seine Art. Deshalb kann ich auch nicht für dich sprechen. Nicht für euch. Und doch sind wir alle dadurch miteinander verbunden. Durch den Schmerz. Und durch die Befreiung. Aber Befreiung heißt nicht, dass dein Weg in dem Moment zu Ende ist. Du kannst dich entscheiden. Und entscheidest du dich richtig, geht deine Reise ab da erst richtig los.

Ich war bereit zu erwachen. Und wenn du dafür bereit bist, dann kommen die Dinge zu dir. Bei mir war es ein Buch. Und du bekommst immer die Art Message, die du brauchst. Das Buch, das du brauchst in genau dem Moment. Es hieß «Rulebreaker». Und es zeigte Menschen, die nicht mit dem Strom geschwommen sind. Die anders dachten. Die anders waren und nur dadurch Außergewöhnliches erreicht haben. Der Begriff Mindset war mir da noch fern. Aber eines war mir klar: Ich fühlte mich davon angezogen. Ich wusste sofort, dass ich ebenfalls anders war. Schon immer. Aber bislang war ich damit in diesem System angeeckt. Ich passte noch nie in die herkömmlichen Strukturen. Ich bin dafür nicht gemacht. Nur habe ich bis dahin immer gedacht, dass etwas mit mir nicht stimmt. Dass ich so, wie ich bin, nicht richtig bin. Dass ich komisch bin.

Doch als ich dieses Buch las, wusste ich, dass nicht ich es bin, der nicht richtig ist. Sondern dass das System, in dem ich lebte, es bis dahin nicht zuließ, dass ich mich frei entfalten und selbst verwirklichen konnte. Und natürlich war ich bis dahin auch noch nicht bereit, es dennoch zu tun. Denn es ist möglich, wie mir die Geschichten dieser Menschen in dem Buch zeigten.

Und ab da ging es weiter. Das nächste Buch, das mir in die Hände fiel, war «Kopf schlägt Kapital» von Prof. Faltin. Dieses Buch bewies mir, dass die Dinge, die mich schon immer antrieben (siehe oben eingangs des Kapitels) eine Grundlage haben. Ideenreichtum, smarte Konzepte, nutzenorientierte Lösungen, welche im Kleinen und im Großen die Welt ein Stück besser machen. Auch dies widerspricht im Kern dem «Shareholder Value». Dem Ansatz des endlosen Wachstums. Der reinen Orientierung an Profit und Größe von Unternehmen. Mit all den Auswirkungen, die wir heute auf diesem Planeten sehen.

Dieses Buch bestätigte mir, dass es anders geht.

Es dauerte noch eine Weile, bis ich mich wirklich traute. Aber innerlich stand es längst fest. 2015 bereitete ich mich langsam vor und 2016 stieg ich schließlich aus meinem alten Leben aus, ließ alles los und gründete mein erstes Food Start-up Bunt und Pur. Gesunde Superfood-Torten, Desserts und Snacks. Plant based. Kein zugesetzter Zucker. Keine Sahne. Nur rein organische Rohstoffe. Aber saulecker und vollwertig. Die Leute auf der Straße bei Food Events haben es uns zu sehr hohen Preisen von bis zu 4,20 € pro Stück Torte abgenommen und es wirklich gefeiert.
Bis dahin hatte ich über zehn Jahre im Vertrieb gearbeitet und 2005 bis 2009 bereits erste Unternehmerluft in einem Green Tec Start-up gesammelt. Über eine Messe rutschte ich da holterdipolter rein und bekam als Quereinsteiger ein Angebot im Bereich International Marketing & Sales. In Indien bauten

wir für die Produktion einer innovativen Windkraftturbine zwei Joint Ventures auf. Mega spannende Zeit. And I fell in love with India. Das Land, die Menschen, die Farben, die Gerüche … Noch heute brauche ich mindestens ein Curry die Woche.

Gute Überleitung zurück zu Bunt und Pur. Ich kam mit einem tollen Team bis zu einem Pitch bei Coppenrath & Wiese in Osnabrück. Der gesamte Vorstand saß mit am Tisch. Da wurde knapp gegen eine Produktion unserer Kreationen für den großflächigen Einzelhandel gestimmt. Der Markt für vegane Produkte sei noch nicht so weit. Ich als Visionär (= Seher, sieht heute die Diskrepanz zwischen IST und KANN) wusste da schon, dass es genau der Zeitpunkt ist, etwas zu tun. Noch bevor es zu einem Trend wird. Heute, wenige Jahre später, schauen wir uns die Wachstumsraten bei veganen und vegetarischen Produkten an. Puh. Coppenrath & Wiese, seht ihr das? Anyways. Das Projekt führte mich in die Schweiz, wo wir vor einem australischen Investor pitchten. Seine Reaktion auf unsere Avocado-Limetten-Fantasie: «Wow!»

Wir wurden zu einem großen Produzenten weitergereicht und bereiteten in Kooperation die Produkte für den Schweizer Markt vor. Die Torten wanderten als Desserts in Becher und wurden dem Einzelhandel (Coop, Migros) und in der Gastro (Starbucks) zum Testen geschickt. Auch da war die Resonanz sehr positiv. Was nichts daran änderte, dass der Produzent mit seiner Kalkulation danebenlag. Die Produkte waren etwas zu teuer. Damit stand ich mit dem Projekt vor dem Aus. Meinem ersten eigenen Unternehmen.

Doch ich sagte es ja bereits. Folgst du einem Pfad aus deiner Bestimmung heraus, geht auf dem Weg immer eine neue Tür auf, meistens in letzter Sekunde. Kurz bevor der Produzent das Projekt mit uns einstellte, probierte ein Kunde von ihm, ein Tochterkonzern der Dr. Oetker Gruppe, eines unserer Desserts. Das bekam ich im Nachhinein mit. Zu dem Zeitpunkt fragte ich mich schon, ob ich auch den Weg allein weitergehen könnte. Ich fragte mich, ob ich im Food-Bereich Unternehmen mein Know-how zu Innovation und Food anbieten könnte.
Und so bereitete ich während eines Indientrips, Ende 2017, eine Präsentation vor, in der ich innovative Food-Ansätze mit digitalen Geschäftsmodellen verband, um diesen Innovationen einen Weg an den Markt zu erleichtern. Denn ich wusste da ja schon, dass die Industrie den Weg für

Innovation meistens selbst verbaut. Auch wenn der Markt schon danach verlangt bzw. die Nachfrage da ist.

Und ich bekam tatsächlich eine Einladung nach Basel. Hinterher sagte man mir, dass es genau der richtige Zeitpunkt war. Etwas früher wäre zu früh gewesen, etwas später hätten sie es mit wem anders probiert. Aber ich stieß eine bereits offene Tür auf. Und immer, wenn ich mit Powermännern spreche, CEOs, Führungskräften, Unternehmern, dann werde ich gehört. Zumindest bei der etwas bewussteren, fortschrittlichen Fraktion. Und das waren die beiden. CEO und Business Development. Super Typen.

Bis Mitte 2020 habe ich für diesen Konzern über zwei Jahre als Trendscout gearbeitet, nachdem ich zunächst über sechs Monate ein Trendzentrum konzeptionierte und im Konzern mit implementierte. Aus meiner Feder stammt zum Beispiel ein Achtsamkeitsbrot (mit 8Samen), das bald dort und auch in Deutschland an den Markt kommen soll.

Corona beendete die Kooperation abrupt. Der gesamte Dr. Oetker Konzern reduzierte jegliche Kooperationen mit Externen auf ein Minimum, nachdem die Umsätze vor allem im Gastronomiebereich von 100 auf 0 gingen.

Zack. Das war im ersten Moment schon ein Hammer. Aber mittlerweile sehe ich das nur noch als Wink, dass etwas Neues kommt. Dass Weiterentwicklung und persönliches Wachstum anstehen. Und ich hatte es zuvor auch schon gespürt. Wenn man fühlt, dass man da, wo man gerade Energie reinsteckt, nicht mehr richtig weiterkommt, wenn es ins Stocken kommt, dann weiß man eigentlich, dass ein neuer Abschnitt bevorsteht.

Fluxkompensator: Mitte 2017 bitte. Swooooshh.

Während ich mit Bunt und Pur gerade Fahrt aufnahm, zeigten sich die nächsten beiden Bücher, die eine große Bedeutung für mich hatten. Das erste hatte ich vorher schon einmal bei Amazon gesehen und es schaute mich auch direkt an. «Solopreneur» von Brigitte und Ehrenfried Conta Gromberg. Zu diesem Zeitpunkt war ich wohl erst bereit für das Buch. Und schnell wurde mir dies beim Lesen auch bestätigt, denn es zeigte mir, dass man Unternehmertum völlig anders denken kann. Und zwar so, wie ich es bereits vorher gefühlt habe. Endlich war da jemand, der den Dingen einen Namen gab, die mich vorher schon so umgetrieben hatten. Ein befreiendes Gefühl, wenn man sieht, dass man nicht allein ist.

Smartes Unternehmertum. Kein (angestelltes) Team à la Start-up. Keine Schulden. Kein Harakiri. Modern. Unabhängig. Freie Kooperationen. Digitale Komponenten. In alle Richtungen skalierbar. Ortsunabhängig. Passiveinkommen. Genauso hatte ich mir Unternehmertum vorgestellt. Tue das, was du am besten kannst und am meisten liebst, schaffe damit Mehrwert für andere und befreie dich damit aus deinem Hamsterrad «Zeit gegen Geld». Das zweite Buch «Smart Business Concepts» führte diese Ideen konsequent fort und war im Grunde eine Weiterführung und Ergänzung der Ansätze von Prof. Faltin.

Das zwickte mich natürlich in der Hinsicht, dass ich mit Bunt und Pur den klassischen Weg über eine GmbH mit festem Team gegangen bin. Das hat es mir am Ende jedoch leichter gemacht, den anderen, freieren Weg solo zu gehen.

Nach Lesen des zweiten Buches war mir klar, dass ich die Autoren kontaktieren würde. Parallel bastelte ich bereits an meiner eigenen Kernmarke, die aus meinem Einzelunternehmen Innovationshaus (mit dem ich die Schweizer beriet) hervorgehen sollte.
Mit Hilfe eines Freundes aus Osnabrück, der sehr ähnlich wie ich tickt, entwickelte ich nach und nach meinen Markenkern anhand meiner Bestimmung.

Ich stehe im Kern für Finden. Erfinden. Und verbinden.

Dann stolperte ich im Einzelhandel über einen Aufsteller voller Lupen. Und ein Freund empfahl mir die Serie «Dirk Gentlys holistische Detektei» auf Netflix.

www.danielscheffer.de

Mit dieser Marke begleite ich seitdem vor allem klassische Unternehmer und Unternehmenslenker (Powermänner und Macher wie wir hier) dabei, ihre eigene Bestimmung zu finden (Vision), diese in eine Lösung zu gießen

(Mission) und da draußen zu entfalten (Kooperation). Viele Macher erwachen wie ich und suchen in der zweiten Lebenshälfte etwas mit mehr Sinn, mehr Purpose. Und das wollen immer mehr Unternehmer und Leader. Ich freue mir einen Ast darüber ab, weil mich das schon so lange umtreibt. JETZT nimmt es Fahrt auf.

Ich kontaktierte also die Conta Grombergs. Und immer, wenn ich den Mut habe, große Persönlichkeiten zu kontaktieren, melden sie sich meistens auch zurück. Zumindest dann, wenn es sein soll. Sollte wohl sein.

Wir telefonierten und nach mehrmaligem Austausch konnte ich im Frühling 2018 in der Smart Business Concepts Intensivgruppe teilnehmen und hospitieren. Ich durfte dabei verschiedenen angehenden Solounternehmern bei der Entwicklung ihrer smarten Konzepte helfen. Wichtige Erfahrung.

Dieser Schritt wiederum führte Ende 2018 dann zum nächsten. Ich durfte auf dem Solopreneurday, der großen, jährlich stattfindenden Veranstaltung der Marke, in Hamburg einen eigenen Workshop geben. Nachdem ich von Ehrenfried auf der Bühne vorgestellt und kurz interviewt wurde, hatte ich damit anscheinend vor meinem Workshop die richtigen Menschen erreicht.

Mein Workshop war mit über 30 Teilnehmern voll bis auf den letzten Platz. Und genau das sind die Momente, die dich weiterbringen. Die dich wachsen lassen. Plane nicht alles durch. Visuelles Konzept ja. Roter Faden ja. Leitfaden Wort für Wort. No. Mut. Hingabe. Vertrauen. Das ist authentisch. Und dann passiert auch was.

Ich hatte meinen Vater als Gast dabei und über 30 Avocado-Limetten-Traum Desserts gekühlt im Handgepäck. Sie reichten genau für alle Teilnehmer und meinen Vater aus, der es sich auf der Seite in einem Sessel bequem machte.

Die Präsentation für den Workshop hatte ich auf dem Weg zur Veranstaltung im Auto vorbereitet. So wie ich es immer mache. Just in time. Möglichst spannend, frei Hand, freestyle. Das finde ich authentischer. Und da darf ich dann auch mal im Vortrag etwas ins Schwitzen kommen, mich verplappern oder kurz den Faden verlieren. Aber ich komme, wenn ich vor Menschen spreche, auf diese Art und Weise in meinen Flow und dann kommt alles, was sowieso schon in mir ist, ungefiltert aus mir heraus.

> «Sei mutig. Und wenn du es nicht bist, tue so als ob.»
>
> Unknown

Und der Workshop war großartig! Ich sollte darüber referieren, wie man mit seinem smarten Geschäftsmodell als Solopreneur am Ball bleibt. Doch anstatt den Leuten irgendwelche Produktivitäts- und Organisationstools an die Hand zu geben, erzählte ich meine eigene Geschichte so wie HIER JETZT. Und ich gab ihnen mit, dass jeder, der seine eigene Vision vom Leben, seine Bestimmung kennt, immer dranbleiben wird. Weil ihn immer etwas von innen herausziehen wird. Ich glaube, dass viele Teilnehmer des Workshops dafür (noch) nicht ready waren. Zwei Teilnehmer aber buchten direkt nach dem Workshop meine erste Mastermind Gruppe, die in Kooperation mit den Conta Grombergs abgewickelt wurde. Dauer 12 Monate. Und ich war happy, dass wir eine so kleine, kompakte Gruppe waren. Ich mag das. Maximal drei bis vier Leute. Wie in einer Band. Wenn dann noch die Konstellation passt, wunderbar.

Und besonders bei einem der zwei machte es sehr schnell Klick. Ulli Russler ...

Hi I´m Ulli

Krasse Schlüsselmomente waren in meinem Leben bisher nicht vorhanden. Bin eher der langsame Typ. Persönliche Entwicklung hat bei mir das Tempo einer Schnecke. Die kommt aber auch voran. Und – ich sage es offen – mit dem Begriff «spirituelles ERWACHEN» kann ich nicht so viel anfangen. Ich sehe mich nicht als erwacht, sondern nach wie vor als Suchender und Fragender an. Das Leben ist für mich so ähnlich wie ein 10.000-Teile-Puzzle: Manchmal finde ich zehn Teile in einer Woche und dann wieder nur ein oder zwei Teile in einem ganzen Jahr.

Eine große Herausforderung zwischen meinem 18. und 59. Lebensjahr war es, den Konflikt zwischen einem seelenlosen Berufsleben und erfüllender Berufung zu lösen. Das hat bei mir also mehr als 40 Jahre gedauert.

Gestartet bin ich 1979 – im Alter von 18 Jahren – mit einer Ausbildung zum Bankkaufmann bei der Deutschen Bank. Eine Vertriebstätigkeit bei einem japanischen Konzern schloss sich an. Eine Auszeit zwischen diesen Jobs spielte für meine Entwicklung eine große Rolle: 1982 ein Jahr auf Reisen in Südamerika.

Nach einer Stelle als Vorstandsassistent bei einer deutschen Textil AG war ich 1990 wieder sechs Monate in Brasilien und Argentinien. Ich erinnere mich, dass ich eine kleine Buchhandlung in Ushuaia, der südlichsten Stadt in Argentinien besucht habe. Dort bin ich auf ein Buch gestoßen, das mir Inspiration für die nächsten Jahre meines Lebens war. «Kraftzentrale Unterbewusstsein» von Erhard F. Freitag. Noch in Argentinien habe ich beschlossen, bei Herrn Freitag ein Seminar nach meiner Rückkehr in Deutschland zu besuchen. Das habe ich auch gemacht. U. a. kann ich mich erinnern, dass wir während einer Übung Karten mit Zitaten und Sinnsprüchen gezogen haben. Ich zog die Karte mit dem Spruch: «Jeder bekommt, was er verdient. Nur der Erfolgreiche gibt dies auch zu.»

Heute halte ich diesen Spruch generell für viel zu wenig differenziert, aber damals hat er tiefen Eindruck bei mir hinterlassen, weil mir klar wurde, dass man für sein Leben Selbst-verantwortung übernehmen muss und sein Leben schöpferisch und aktiv gestalten kann.

1992 bin ich in die Firma meines Vaters eingestiegen. Eine kleine Handelsagentur, die zwischen deutschen Berufsbekleidungsimporteuren und chinesischen Herstellern Produktionskapazitäten vermittelt hat. Mein Vater hat sich dann ab 1997 peu à peu aus der Firma zurückgezogen.

Heute erkenne ich in dieser beruflichen Tätigkeit durchaus Ansätze meiner Lebensvision: Vermittler sein zwischen Abnehmern und Herstellern, zwischen deutschen Einkäufern und chinesischen Verkäufern, zwischen Menschen mit verschiedenen Interessen. Zur Lebensvision gleich mehr. Übrigens: Mediator sein war immer ein kleiner Berufstraum im Hintergrund meiner Seele.

Nach außen hin habe ich beruflich und gesellschaftlich ein unauffälliges Normalo-Leben geführt. Verheiratet, zwei Töchter, Hund, Reihenhaus und Mercedes Kombi. Aber da war im Hintergrund immer die Frage: Warum macht mich das, was ich beruflich tue, nicht glücklich und zufrieden? Was fehlt, wenn ich doch ein schönes Familienleben, beruflichen und finanziellen Erfolg, Reisen in der Business Class und großartige Hotels in Fernost in meinem Alltag habe?

Ab circa 2008 habe ich angefangen, regelmäßig zu meditieren. Wieder war es ein Buch, das mir begegnete und mich begeistert hat. «Das Master Key System» von Charles F. Haanel hat mich dazu animiert, circa 24 Wochen mehr oder weniger täglich eine Art Meditationspraxis durchzuhalten. Zwar nicht in der vorgeschriebenen aufrechten Meditationshaltung, sondern meist gemütlich im Sessel sitzend. Aber nach dieser Zeit hat mich Meditation bis heute nie mehr losgelassen.

In den folgenden Jahren waren Seminare bei Linda Lehrhaupt (MBSR-Ausbilderin), die Teilnahme an Schweigeretreats am Benediktushof bei Würzburg und der kurzzeitige Kontakt zu Transzendentaler Meditation immer wieder erfüllender Kontrast zu wenig erfüllender Berufstätigkeit.

> **«Achtsamkeit ist von Augenblick zu Augenblick gegenwärtiges, nicht urteilendes Gewahrsein, kultiviert dadurch, dass wir aufmerksam sind. Achtsamkeit entspringt dem Leben ganz natürlich. Sie kann durch Praxis gefestigt werden. Diese Praxis wird manchmal Meditation genannt. Doch Meditation ist nicht das, was Sie denken.»**
>
> Jon Kabat-Zinn

Ab 2013 sind meine Lebenslinien in den Bereichen Bewusst-Sein und Beruf langsam zusammengewachsen. Startschuss war auch bei mir (wie bei Daniel) die Begegnung mit dem Smart Business Konzept von Brigitte und Ehrenfried Conta Gromberg und der Besuch von zwei Intensivseminaren bei ihnen 2013 und 2015.

Es folgte der Launch der Marke SONNENGRUSS. Yogahosen mit großartiger Passform in 15 Größen. Zunächst nur für die kleine Zielgruppe der Yoga-Männer, später dann auch für Frauen. Zu der Zeit hatte ich gerade mit Yoga angefangen und es entstand in meiner Firma die Idee, Einflüsse bzgl. Passform und

Nutzen aus der Berufsbekleidung in die Yogawear zu übertragen.
Von Berufsbekleidung zu Yogahosen. Dem textilen Faden bleibe ich mit diesen beiden Richtungen bis heute treu.

Auf dem Solopreneurday 2018 in Hamburg habe ich dann Daniel kennengelernt. Damals wurde im Anschluss an dieses Event eine einjährige MasterMind, geleitet von Daniel, angeboten. In der Folge bin ich bei ihm ins Coaching gegangen. Dabei haben wir am Anfang erhebliche Zeit darauf verwendet, meine Lebensvision herauszufinden und daraus eine Mission zu erarbeiten. Dieser Schritt war für mich sehr wichtig, denn wenn Vision und Mission klar sind, kann aus Beruf auch eine Berufung werden.

Bei mir war die Position des Vermittlers in vielen Lebensphasen und Situationen auffällig.
«In der Mitte sieht man besser!» ist ein Spruch, von dem ich schon immer überzeugt war.

«Menschen helfen, ihre eigene Mitte (wieder) zu finden», habe ich für mich als Vision formuliert. Vor allem wohl, weil ich phasenweise noch immer selbst auf der Suche nach meiner eigenen inneren Mitte bin. Aber ich erlebe inzwischen auch mehr und mehr Momente, wo ich nicht nur im JETZT lebe, sondern auch den gegenwärtigen MOMENT genießen kann. Das heißt doch wohl, dass ich zumindest in diesen Phasen meine eigene Mitte gefunden habe.

Aus dem Projekt Mindful Men ist inzwischen eine Marke geworden. Dieses Buch ist zwar das erste Produkt dieser Marke, aber es wird mehr folgen. Davon wollen Daniel und ich später in diesem Buch zusammen berichten. Mindful Men ist die erfüllende Herausforderung, mit der ich meine Vision in diese Welt bringen möchte. Ich möchte Menschen, besonders den Powermännern und Machern da draußen Anregungen und Hilfen geben. Damit sie mehr Erfüllung und inneren Frieden in ihrem Leben finden. Damit sie – anfangs zumindest minutenweise – in ihrem Alltag heraus aus dem Hamsterrad kommen. In der Folge dann endlich eigenen Erfolg genießen und mehr Lebensfreude finden können.

In jüngster Zeit habe ich mich als Vorbereitung für dieses Buch mit Kurzübungen beschäftigt, die mich über den Tag verteilt immer wieder in den gegenwärtigen Moment zurückholen sollen. Eine Übung war die Entwicklung meiner persönlichen Affirmation, in der ich meinen eigenen, tiefsten Wünschen auf den Grund gegangen bin. Diese etwas längere Affirmation spreche ich täglich sehr oft in Leerlauf- und Wartesituationen immer wieder leise im Kopf aus. Ich möchte sie hier gerne mit dir teilen:

«Durch meine Verbundenheit mit der unendlichen, göttlichen Schöpferkraft ziehe ich täglich inneren Frieden, Freiheit und Fülle, Lebensfreude, Leichtigkeit und Liebe in mein Leben. Ich vertraue in jeder Situation, dass das Leben mich liebt und dass alles, was geschieht, zu meinem Besten ist. Zu meinem Wohl und zum Wohle Aller. Danke für diesen Moment.»

Das sind die Mindful Men. Und wir sind nicht allein.

Daniel Scheffer *12.10.1977

Ullrich Russler * 16.07.1961

Output Output

Nach Formulieren von Ullis Vision und der Entwicklung der Marke (CI/CD) wollten wir uns der Mission widmen. Was ist die Lösung von Mindful Men und wie kann sich diese dann im letzten Schritt (Kooperation) da draußen entfalten?

Unsere Meinung war, dass man Powermänner nicht einfach über den normalen Weg bekommt. Achtsamkeit predigen, Seminare besuchen, zweimal 15 Minuten Meditation und Yoga täglich. No chance. Alles auch immer noch zu esoterisch und spirituell angehaucht. Da laufen sie uns weg, noch bevor sie mal hineinfühlen, was da für sie möglich ist. Sie biegen ab, noch bevor sie sich des Nutzens klar werden.

Eines ist klar: Es gibt diese Zielgruppe, wir kommen selber daher und kennen genug Männer, die unter den Auswirkungen ihrer Prägung und des Systems leiden. Sie kommen da nicht selber raus. Wo und wie aber holt man sie ab?

Irgendwo da fiel dann mal der Begriff trojanisches Pferd. Vielleicht müssen wir sie auf eine andere, für sie passendere Weise da abholen, wo sie sind. Doch was sind die Trigger bei dieser Zielgruppe? Erfolg, Technik, Status, das waren so Begriffe, die da fielen.

Ein technisches High-End-Gerät, um damit die Zielgruppe irgendwie in den Bereich Selbst-Bewusst-Seins-Steigerung zu holen. Wir begannen mit der Idee einer VR-Brille, mit der Mann mitten im stressigen Alltag kurz mal in ein anderes Szenario abtauchen kann. An den Grill, an den Angelteich, in den Wald. Sogar vom Büro aus. Die Idee ist weiterhin präsent und wir wollen dies zum richtigen Zeitpunkt an den Start bringen. Allerdings nicht JETZT und es sollte vorher ein Proof of Concept vorliegen, dass die Zielgruppe das mal anstatt einer Bildschirmpause antesten will. Der Effekt von VR ist belegt, genauso wie ein Video aus dem Wald zu schauen einen besseren Effekt hat, als kein Video aus dem Wald zu schauen. Aber die virtuelle Realität kann nur eine Komponente sein in einem ganzheitlichen Ansatz. Und die technischen Herausforderungen bei dem Konzept waren da für den Projektstand noch zu umfangreich.

Aktuell haben wir als Übergangslösung einen VR-Brillen-Korpus gefunden, in den man sein Handy einlegen und sich die Anwendungsvideos aus dem zweiten Buchteil mit mehr Impact (Wirkung) ansehen kann.

Habt ihr Bock auf diese Lösung? Wollt ihr das nutzen? Habt ihr Ideen für die MM VR-Brille in Kombination mit einer App? Wollt ihr teilhaben und kooperieren? Dann lass gehen an crowd@mindfulmen.de

Eine noch ältere Idee ist die Meditation Lounge. So was wie ein Sessel, den man oberhalb schließen kann. Man kennt das Design schon aus den 70ern:

Die Idee war hier wie bei all unseren ersten Ansätzen: Die Technik, das Design, High End-Produkte, das sind die Trigger, um überhaupt heranzuführen. Dann innerhalb dieser Produkte Technik installieren, die potenziell zu Bewusstseinssteigerung führen kann. Wie? Über die Sinne. Über unsere Wahrnehmung. Wie im weiteren Verlauf des Buches beschrieben wird, hat Selbst-Bewusst-Sein mit der Wahrnehmung des gegenwärtigen Momentes über unsere Sinne zu tun. Und da ist ein Ansatz! Da ist eine Lücke für uns!

Nehmen wir an, der Firmenlenker legt sich IN seiner Firma am Mittag kurz für nur fünf Minuten in diesen Sessel. Das Topteil schließt sich. Innen starten beruhigende Klänge (z. B. Bineurale Beats), ein Zerstäuber mit Duftöl verteilt angenehmen, natürlichen Waldduft und ein Projektor schickt angenehme Farben an die Kuppel oder ein Video von einem Waldspaziergang. On top könnte der Sessel noch eine Massagefunktion haben. Dann würden wir damit vier Sinne auf einmal ansprechen. Die Chance ist gut, dass der Mann mal kurz zu sich kommt, den Geist zur Ruhe bringt und abschaltet. Und diese fünf Minuten in einem tiefenentspannten Zustand können für den Rest des Tages einen immensen Impact haben.

Anyways. Dieses Produkt steht oben im Mindful Men Produktportfolio. Und wir gehen das dieses Jahr an. Denn das war ja schließlich Ullis Ausgangsvision von Mindful Men. Ihr werdet dazu bald von uns hören. Versprochen!

Aber konkret marschiert sind wir dann, als uns parallel, unabhängig voneinander ein altes technisches Produkt über mehrere Wochen verfolgte: die Lavalampe. Wer kennt sie nicht? Hat die Zeit überlebt, steht aber auch nicht in jedem Wohnzimmer. Für den Moment nicht wichtig. Das Teil sprang uns in den Weg. Und stand bald vor uns im Büro. Vom Marktführer Mathmos aus England. Qualität? Besser als die Chinaware, aber auch keine Offenbarung.
Aber warum war sie plötzlich so präsent und was hatte das zu bedeuten? Wenn man sich eine Lavalampe im Betrieb anschaut, also wirklich mal hinschaut, dann wirkt diese wie ein Blick ins Lagerfeuer. Dieses unbeschreibbare Spiel aus Licht und Bewegung, das dich gefangen nimmt. Du kannst stundenlang ins Feuer schauen und es wird dich immer beruhigen, herunterholen in den gegenwärtigen Moment. Es hat was Magisches. Der

Effekt beim Betrachten einer Lavalampe im Dunkeln mit den zeitlupenartigen Bewegungen des erleuchteten Wachses ist ebenso hypnotisierend und fesselnd.

Das schien der Grund zu sein. Ein Lagerfeuereffekt innerhalb eines technischen Gerätes. Aber es sprach nur einen Sinn an, den optischen, und es war in seiner Qualität nicht adäquat für die Zielgruppe.

Was machten wir also kurzerhand? Wir nahmen uns eine Lavalampe und entwickelten sie mit einem befreundeten Partner vom Bodensee weiter. Wir ersetzten und verlängerten das Fußteil, indem wir ihn komplett aus einem Alublock herausfräsen ließen. Dazu eine Fußplatte. In der Fußplatte konnte eine eigens konzipierte und 3-D gedruckte Duftkapsel versenkt werden. Diese wurde mit Holzspänen gefüllt und diese mit Duftöl getränkt. Direkt im Fußteil der Lampe oberhalb der Bodenplatte war ein Lüfter, ein Ventilator installiert, der den Duft ringförmig aus dem Fußteil zerstäubte. Zweiter Sinn: Riechen. Dann installierten wir in dem Fußteil ein Bluetooth Soundmodul. Darüber konnten wir per Smartphone z. B. einen Loop aus natürlichen Waldgeräuschen abspielen lassen. Dritter Sinn: Hören.
Bodenplatte, Fußteil und obere Kappe wurden dann noch hochwertig in weißem Autolack überzogen, und optisch ansprechende Knöpfe wurden zur Steuerung von Sound und Duft eingelassen. On top kam dazu ein smarter Stecker, mit dem wir über eine App die An- und Auszeiten der Lampe über die ganze Woche automatisiert regulieren konnten.
Wir platzieren dieses optisch ansprechende, technisch anspruchsvolle Designobjekt in den Büros der Unternehmer, CEOs, Manager, Führungskräfte & Co. Automatisch startet die Lampe jeden Tag, sodass sie automatisch läuft, wenn der gestresste Mann am Schreibtisch sitzt. Und was aussieht wie ein schönes Gerät, kommt als trojanisches Pferd um die Ecke. Durch das, was es in sich trägt. Während die Lampe läuft, fängt sie über drei Sinne an, dich zu beeinflussen, ohne dass du es realisierst. Das fällt dir erst hinterher auf. Und wenn Nutzen sich nachhaltig setzt, dann willst du dahin zurück.

Und hier sind sie: «The Lava Tree» und «The Lava Sea». Wald und Meer, bezogen auf Gerüche, Farbe und Geräusche. Produktlogos und das fertige Produkt:

 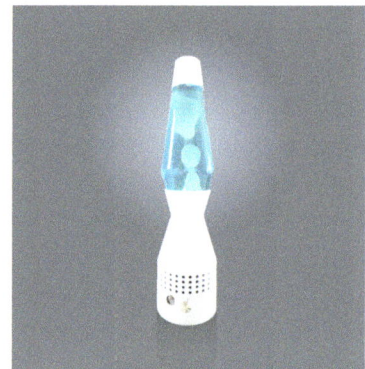

Hier in Farbe

Mit diesem schicken Prototyp haben wir mal etwas abgeklopft, was und wo was geht. Tatsächlich war die Resonanz aus den Bereichen, die wir uns überlegt haben, sehr gut. Wir hätten bereits erste Geräte in Unternehmen und im Gesundheitsbereich (Heilpraktiker) absetzen können.

Aber für die Lampe gibt es aktuell noch verschiedene Herausforderungen. Technische Sicherheit ist ein ziemliches Thema, und da kannst du gerne noch mal 15 Scheine auf den Tisch legen, Produktion, Lizenzen und und und.

Und wir waren da noch auf dem Stand, dass wir unsere Annahmen erst mal validieren wollten, bevor wir etwas tun, was hinterher niemanden interessiert und keinen Nutzen bringt.

Da entstand der erste Cut im Projekt. Energie ging raus. Dann kam etwas auf, das wir vorher in all den schönen Brainstormings schon am Whiteboard hatten. Mindful Move, Mindful Minute und Mindful Motor. Trigger und Anwendung. Mehr war da noch nicht. Keine Pyramide, kein Prozess. Nur die Idee, dass Männer im stressigen Alltag einen Trigger brauchen, um überhaupt ins Handeln zu kommen.

> «Es ruckelt immer ein bisschen, bevor das Leben in den nächsten Gang schaltet.»
>
> Unknown

Da setzten wir neu an und überlegten uns sowohl Alltagstrigger-Produkte als auch Anwendungen, die innerhalb dieser einen bewussten Minute einfach absolviert werden können. Wir holten viel altes Wissen zurück in die Gegenwart und adaptierten dies für den Alltag eines modernen Machers.

Project Lockdown

Corona machte vor uns nicht halt. Und über die Jahreswende bis ins Frühjahr gingen die Mindful Men in den verdienten Winterschlaf. Das war mal ein Schnee, Freunde.

Das Projekt schlief. Keinen Kontakt mehr. Nur sporadisch. Herzverbindung aktiv.

Dann kam das entscheidende Telefongespräch zwischen uns. Über eine Kooperation mit Tom Schmidt von Nomad Publishing war das KDP (Kindle Direct Publishing) schon präsent. Und mitten im Gespräch kam gleichzeitig die Frage auf, warum wir nicht alles, was wir zu Mindful Men erfahren, erkannt und erdacht haben, zusammenfassen. In einem Buch.

KDP-untypisch war schnell klar, dass wir das Buch selber schreiben und das nicht auslagern. Den gesamten Rest des Prozesses der Bucherstellung und Vermarktung wollten wir aber frei kooperativ anbinden. Max und sein Remote Verlag. Der hat auch das Coaching bei Tom gemacht und danach seinen eigenen Onlineverlag gelauncht. Powermann. Ola, Zielgruppe. Er hatte zuvor bereits zwei SPIEGEL-Bestseller mitentwickelt und vermarktet. Eines davon ein Buch, eher für die feminine Zielgruppe: «Meine Reise zu mir selbst». Ein Buch, zu dem es keine Zahlen gab, was Vermarktungspotenzial im KDP hätte erfassen können. Eine Trendrubrik, die nicht klassisch anhand von Suchanfragen auf Amazon funktioniert. Menschen suchen nach etwas. Einer Lösung für ein Problem. Dann treffen sie auf ein Buchcover, das sie so nicht erwartet haben, was sie aber stärker anzieht als das, wonach sie ursprünglich gesucht haben. Sie wissen nicht genau, warum, sie haben dafür zunächst keine Erklärung, aber es zieht sie dahin.

Meine Reise zu mir selbst. Zurück zur Gegenwart. Innere Mitte. Einheit. Kommen nicht von ungefähr die Themen. Wir beobachten globales Wachstum an Bewusst-Sein vor allem von unten nach oben. Aber auch oben erwachen die Männer unter uns. Vielleicht schon länger. Whatever. Offensichtlich liegen wir mit unserer Vision nicht ganz so daneben. Geht aber ja auch gar nicht. Vision ist Bestimmung. Wahrheit.

Max war der, den wir erwartet haben. Offen, freundlich, lustig, gewitzt, pfiffig, unternehmerisch, frei, kooperativ, vertrauensvoll. Es hat nicht lange gedauert, bis wir die gemeinsame Richtung vereinbart haben. Sechs Wochen zum Schreiben! Mitte Juli sollte das Manuskript stehen. Deadlines sind super. Elon Style. Krasse Deadline, Riesenversprechen.

Nun bist du hier. Wir sind hier. Wir sind nicht allein. Es fehlt nur eines.

Der Blitz.

KDP à la Nomad Publishing (Tom Schmidt)

7. Wenn der Blitz dich trifft
– No Trigger, no Change

Ohne den Blitzeinschlag in der Rathausuhr in Hill Valley, hätte Doc am 5.11.1955 Marty nicht zurück in die Zukunft schicken können. Nur weil Marty zufällig einen Zeitungsausschnitt in der Tasche hatte, der das Ereignis voraussagte, konnte Doc eine Konstruktion entwerfen, die den Blitz ableitete und die Energie von 1.21 Gigawatt genau im richtigen Moment in den heranjagenden DeLorean mit Marty on board in den Fluxkompensator übertrug.

Hammer! What a great moment in movie history.

Was ist die Verbindung zwischen diesem Teil des Buches und deinem Weg zu mehr Bewusst-Sein?

Auch dein Fluxkompensator, oder nennen wir ihn in diesem Buch lieber «Fluchtkompensator» (nicht da hinschauen, wo es wirklich wehtut), kann nicht aktiviert werden ohne den triggernden Impuls. Ohne den Blitz. Den Flash.

Wie könnten wir verlangen, dass du ab sofort in deinem stressigen Alltag mehrfach am Tag plötzlich ganz von selbst daran denkst, zu dir zu kommen? Kurz mal eine Einheit einzustreuen, die dein Bewusst-Sein steigert mit allen positiven Folgen. Wir kommen gleich noch dazu, wie man Gewohnheiten nachhaltig verändert. Alte Gewohnheiten ablegt, die dir nicht guttun. Und Neues in dein Leben lässt, das dir viele Geschenke bringt. Das entwickelt sich. Step by step. Und dennoch schneller, als du denkst.

Aber es kann sich nicht entwickeln, wenn du nicht irgendwann damit beginnst. Und wenn du es nach Beginn nicht weiterführst. Solange bis es sich setzt.

Du brauchst dafür in der ersten Zeit einen Trigger. Einen Blitz. Einen Stromstoß. Einen Finger auf der Schulter, der dich antippt. Jemand oder etwas, der oder das dich daran erinnert, mal kurz innezuhalten. Dir kurz bewusst zu werden, dass du den Moment nutzen kannst, dein Bewusst-Sein mit einer kurzen Einheit zu steigern.

Hier noch mal das Zeichen, das dich ab JETZT immer an einen Trigger erinnert. Immer wenn du das bei uns siehst, egal ob in diesem Buch oder im digitalen Zusatzcontent, sind wir im Trigger-Bereich.

Wenn du diesen Trigger nicht hast, dann hast du ein Problem, my friend. Dann haben wir alle ein Problem. Wir können uns viel vornehmen. Wir können Bücher wie dieses lesen. Wir können Coachings besuchen, Onlinekurse durcharbeiten, einen Mentor nehmen, ein Jahr Sabbatical machen. Aber was ist, wenn du in dein gewohntes Umfeld, deinen Alltag zurückkehrst? Daran denkt niemand. Auch nicht die Autoren, die Coaches, die Mentoren, die Yogis.

Dein Hamsterrad-Käfig ist dementsprechend kontraproduktiv. Er lässt Veränderung nicht zu oder erschwert sie zumindest immens. Dazu kommt dein Ego. Dein geprägter Verstand. Dein programmierter Arbeitsspeicher. Die alten Routinen dominieren schnell wieder in diesem Umfeld. Update abgebrochen ...

Und da ist dir auch gar kein Vorwurf zu machen. Wie sollen wir die Richtung wechseln, wenn die Achterbahn automatisiert gesteuert in eine definierte Richtung fährt?

Keine Chance. Oder?

Doch, eine Chance gibt es. Den Trigger in Verbindung mit der Bedienungsanleitung für dein Update. Er greift so ein, dass die Achterbahn abrupt stoppt. Und dich darin mit. Es gibt einen heftigen Ruck, der dich durchfährt. Wie eine Notbremsung. Ein Kurzschluss. Zack. Du bist voll da.

Darum geht es. Es geht darum, kurz voll da zu sein. Als zückte in der U-Bahn plötzlich jemand eine Waffe und schrie: «Hände hoch!» Ja, was machst du dann?

Also, es geht um diesen «Hände hoch»-Moment. Volles Bewusst-Sein im gegenwärtigen Moment. Alle Sinne beieinander. Keine Ablenkung. Kein Denken. Voller Fokus auf das HIER und JETZT.

Aber wie können wir das konstant in unseren Alltag implementieren?

Bevor wir uns diese 2.0 Varianten von Triggern ansehen, gehen wir wieder historisch und wissenschaftlich an die Sache ran. Denn wir sind schließlich nicht die ersten, die erkannt haben, dass der Trigger der Ausgangspunkt, der Initiator ist.

Du wirst lachen, wenn du plötzlich erkennst, dass es sogar in der westlichen Kultur mit seiner christlich-katholischen Religion schon immer einen Mindful Move gab. Seit jeher. Im Grunde sogar mit demselben Ziel: dass die Menschen mindestens einmal am Tag, besser zweimal, kurz innehalten. Sich an ihren Glauben erinnern. Sich ihres eigenen Bewusst-Seins bewusst werden.

Die Kirchenglocke. Jeden Tag um dieselbe Zeit läutet die Glocke in einer Gemeinde. Im gesamten Stadtgebiet könnte sie nicht jeder hören. Daher sind verschiedene Kirchenhäuser auf verschiedene Gemeinden verteilt. Damit jeder im Stadtgebiet es hören kann.

Und natürlich kannst auch du es hören. Du bist ja nicht taub. Aber du ahnst es schon und es kann durchaus einen Schauer auf der Pelle verursachen. Zwischen Hören und unbewusst Wahrnehmen besteht ein großer Unterschied. Oder kann ein großer Unterschied bestehen. Und da kommst du der Sache doch mal konkret auf die Fährte. Du hörst das Läuten der Glocke. Mit Sicherheit hörst du es, insofern du nicht taub bist. Aber nimmst du es wirklich bewusst wahr? Wie oft in der Woche nimmst du das wahr? Wann hast du zum letzten Mal bewusst eine Kirchenglocke gehört? Vermutlich nur dann, wenn sie dich genervt hat, wegen ihres verursachten Lärms.

Bruder Jakob, Bruder Jakob, schläfst du noch?

Doch für unsere Bewusst-Seins-Steigerung brauchen wir diese Trigger. Zumindest solange, bis wir einen bestimmten Bewusst-Seins-Zustand erreicht haben und diesen nachhaltig festigen. Die Trigger helfen uns dabei, über den dafür nötigen Zeitraum in regelmäßigen Abständen kurz bewusst zu werden. Aus dem unbewussten Traum, aus der Ablenkung zu erwachen. Ohne dass das jemand oder etwas für uns tut, ist die Chance gering, dass wir es etablieren können. Nicht unsere Schuld. Unser noch geringer Bewusst-Seins-Stand, die Ablenkung, der Stress, das System. Es wird uns nicht leicht gemacht. Aber die Trigger sind die Chance.

Ist doch faszinierend, dass so viele Kulturen schon seit ewigen Zeiten diese Trigger nutzen. Ob Kirchenglocke oder Muezzin oben in der Moschee. Es gibt doch viele weitere Beispiele. Aber wir wollen uns nicht zu sehr in der Vergangenheit aufhalten, sondern im JETZT. Denn offensichtlich funktionieren die klassischen Trigger wie Kirchenglocken heute nicht mehr.

Wir holen mit dem Mindful Move den historischen Trigger in die Gegenwart zurück. Dazu haben wir uns zunächst gefragt, in welchen typischen Alltagssituationen wir Männer potenziell einen kurzen Moment der Ruhe haben, die eine kurze Lücke, in der ein Trigger grundsätzlich die Chance hat, uns kurz aufzuwecken. Sodass wir ihn wirklich wahrnehmen und nicht überhören. Und dann noch die Chance besteht, in diesem kurzen Augenblick des Erwachens 1-2 Minuten für die eigene Bewusst-Seins-Steigerung zu nutzen.

Du lernst hier sowohl Trigger kennen, auf die du im Alltag normalerweise regelmäßig triffst oder die du dir mit wenig Aufwand selber schaffen kannst.

Red, red light

Ein Beispiel für einen Trigger, den du nutzen kannst, ist eine Verkehrsampel. Egal ob mit dem Fahrrad oder dem Auto. Auf dem Weg zur Arbeit wirst du mal einer begegnen. Und wenn du das nächste Mal vor einer stehst, wirst du dich daran erinnern, zu erwachen. Wenn nicht zu viel Zeit vergeht ab JETZT, dann wirst du dich daran erinnern. Du wirst dich daran erinnern. Du kannst dir das JETZT im Geist gern noch ein paar Mal selber sagen oder vorlesen. Kann nicht schaden. Jede Wiederholung festigt. Auch hierbei. Wie ein Muskel. Das kennst du ja vom Hantel heben, Bizeps anspannen und so weiter. Das ist hier nichts anderes.

Allein dieser kurze Moment des Erwachens bringt dir einen bewussten Moment. Allein das ist ein Fortschritt und wird dazu führen, dass du dich bei der nächsten Ampel wieder daran erinnerst. Vielleicht hast du schon begriffen, dass die Trigger über die eigene Wahrnehmung das Bewusst-Sein aktivieren. Die Wahrnehmung kommt über die Sinne. Also leiten sich verschiedene Trigger über die Sinne ab. Bei der Ampel ist es der optische Sinn, deine Augen. Du siehst rot. Das ist das Signal. Dadurch wird dein Bewusst-Sein aktiviert. Du hast dir zuvor gemerkt, dass du aus dem Unbewussten, aus der Ablenkung des Alltags erwachst, wenn du an einer Ampel das rote Signal siehst. Wie ein Bewegungsmelder. Reagiert auf Bewegung, wird aktiviert, vollführt eine programmierte Handlung.

Nun haben wir aber ja festgestellt, dass der Trigger-Moment, der Mindful Move alleine dich zwar kurz in den gegenwärtigen Moment holt. Aber man gleitet auch schnell wieder ins Unbewusste, wenn die Ampel auf Grün schaltet und der unbewusste Mitbürger ein Auto hinter dir genervt hupt. Dann verlieren wir uns schnell wieder.

The Mindful Minute

Also musst du vorbereitet sein auf diese Momente und musst schon vorher wissen, was du in dieser Mindful Minute machst, um dein Bewusst-Sein zu steigern. Im zweiten Teil des Buches wirst du genau dafür zahlreiche Einheiten kennenlernen, die für verschiedene Trigger-Situationen im Alltag geeignet sind.

Aber erstmal hier weitere Beispiele, Mindful Moves für den Alltag, welche gleichzeitig die Chance für eine Mindful-Minute-Einheit bieten.

- Du kommst morgens ins Bad und du siehst in den Spiegel. Blitz!
    - ▶ Du kannst diesen Moment hervorragend nutzen, gerade in Verbindung mit dem Spiegel. Dazu später mehr. Das Bad ist aber generell ein sehr guter und wichtiger Ort für deine Mindful Minute. Hier bist du potenziell für einen festen Zeitraum für dich und ungestört. Es gibt noch mehr Trigger-Möglichkeiten im Bad. Auf dem Klo und unter der Dusche zum Beispiel. Beide Situationen sind ebenfalls wunderbar für eine Anwendung in deiner Mindful Minute geeignet.
- Du sitzt morgens am Frühstückstisch. Vor dir dein Kaffee, dein Frühstück. Blitz!
    - ▶ Wiederkehrend. Gewohnt. Gerade die Mahlzeiten oder ritualisierten Getränke wie der erste Kaffee des Tages. Der Tag ist noch jung. Falls du nicht allein bist, sind alle aber noch nicht so redselig oder stehen evtl. gar nach dir auf. Deine Gelegenheit für eine Mindful Minute.
- Du stehst im Supermarkt an der Kasse und siehst die Schlange vor dir. Blitz!
    - ▶ Alle Alltagssituationen, in denen du gezwungen bist zu warten,

sind potenziell ideale Momente für ein Erwachen und eine Einheit.
- Du erreichst deinen Arbeitsplatz. Feste, gewohnte Umgebung. Platz nehmen am Schreibtisch. Blitz!
  - Diese Situation ist fast täglich wiederkehrend, egal ob Büro oder Home-Office. Die Szenerie, die du betrachtest, ist gewohnt und vertraut.

Die meisten der genannten Trigger-kompatiblen Situationen tauchen gar mehrfach am Tag auf bzw. wiederholen sich im Tagesverlauf. Morgens im Bad, abends im Bad, auf dem Weg zur Arbeit und auf dem Weg nach Hause, zum Frühstück und zum Abendbrot. Auch Wartezeiten im Supermarkt, Apotheken, bei Ärzten, Behörden, der Kita und Schule gibt es zuhauf. Es gibt unzählige Möglichkeiten, die wir nutzen können. Wir sagen, wir haben keine Zeit? Sorry. Glatt gelogen. Wir machen uns was vor. Wir nutzen diese Möglichkeiten nur nicht für uns selbst, obwohl sie uns geschenkt werden. Schlimmer noch. Wir missbrauchen sie für unbewusste Handlungen, wie sich über die lahme Kassiererin an der Kasse aufzuregen, die dann schuld ist, dass wir zeitlich im Stress sind. Sie klaut uns die Zeit. Alle klauen uns die Zeit. Der Clown im Stau, die rote Ampel. Sogar die Morgendusche ist zeitraubend.

Aber täusche dich nicht. Das Gegenteil ist der Fall. *Hör auf die Stimme, hör, was sie sagt, sie war immer da, also hör, was sie dir sagt.*

Wieder ein wichtiger Moment. Horche in dich hinein und fühle, ob da was dran ist. Ob es wirklich die Zeit ist, die uns geklaut wird. Oder ob es die Zeit ist, die uns das Leben klaut. Weil wir selber entscheiden, dass wir unser Leben und unser empfundenes Glück von der Zeit abhängig machen. Dann geben wir die Verantwortung ab und werden tatsächlich zum Opfer unserer eigenen äußeren Umstände. Die Ursachen gehen tiefer. Das haben wir weiter vorn im Buch erfahren. Und eigentlich weißt du das. Aber alles ist gut. Es ist nicht unsere Schuld. Du bist hier. Du bist nicht allein. Wir sind zusammen auf dem Weg. Und du kommst der Sache immer weiter auf die Spur. Denn erst die Trigger sind der Ausweg aus dem Unbewussten, aus der Zeit. Zurück in die Gegenwart. Wenn der Blitz dich trifft.

«Vertraue deinem Herzen. Wertschätze dessen Intuition. Wähle die Angst loszulassen und öffne dich der Wahrheit und du wirst erwachen zu Freiheit, Klarheit und Freude am Sein.»

Mooji

Dennoch, es bleibt auf diese Weise am Anfang eine Herausforderung, machen wir uns da nichts vor. An der roten Ampel hängt kein Schild mit den Lettern «Erwache». Die Kassiererin sagt dir nicht, wenn sie dich ansieht «Sei ganz HIER und JETZT. Bei dir.» Im Bad hängt kein Zettel am Spiegel, der dich daran erinnert, kurz zu dir zu kommen. Hey, Moment. Was im Supermarkt oder an der Ampel am Anfang ohne konkrete Hinweise noch schwierig ist, geht in deinem gewohnten oder privaten Umfeld doch durchaus. An der Ampel und an der Kasse wird der Blitz dich mit der Zeit treffen. Weil du weißt, dass er dort einschlägt, so wie Marty und Doc Brown im ersten Teil bei «Zurück in die Zukunft» wissen, dass genau am 5.11.55 um 22:04 Uhr ein Blitz in die Rathausuhr einschlagen wird.

Aber zurück zur Spiegel-Situation. Das sind deine vier Wände. Da kannst du was machen. Du kannst einen Trigger platzieren. Einen Aufkleber an den Spiegel mit der Aufschrift «JETZT». Wie wäre es mit einem Handtuch, auf dem du es nach dem Duschen in großen Lettern lesen kannst. Du könntest den Aufkleber in kleinerer Form auch im Auto auf deinen Rückspiegel kleben. Du könntest eine bedruckte Kaffeetasse nutzen. Eine Laptoptasche. Alltagsgegenstände mit einem Trigger versehen, die du in den Trigger-kompatiblen Momenten mit großer Wahrscheinlichkeit regelmäßig mit mindestens einem deiner Sinne erfasst.

Du kannst HIER JETZT kreativ werden und dir eigene Lösungen überlegen. Du kannst diese dann umsetzen, testen und validieren bzw. verwerfen.

Help, I need somebody

Wenn dir das zu viel ist, wenn auch das ein Grund ist, warum du bei der Steigerung deines eigenen Bewusst-Seins bislang nicht richtig in die Gänge gekommen bist, dann sei da ehrlich zu dir. Vielleicht ist das alles nicht so einfach machbar. Nicht sofort. Es braucht halt etwas Übung.

HIER ein paar Anregungen, wie du dir auf einfache Art und Weise Alltagstrigger schaffen kannst:

- Du bist morgens oder abends im Bad. Ein Sticker auf dem Spiegel erinnert dich an deine Mindful Minute.
- Du sitzt am Frühstückstisch. Vor dir steht eine Tasse mit dem Triggersymbol. Das Logo löst den Blitz aus.
- Du sitzt im Auto zur Arbeit. Ein Sticker am Rückspiegel ist nicht zu übersehen. Flash!
- An deinem Arbeitsplatz siehst du das Triggersymbol als Bildschirmschoner. Rumms!

Wir können so viele Situationen nutzen, die wiederkehrend und vertraut sind. Probier es doch einfach mal aus.

Wichtig: Das sind Brücken, die wir hier bauen. Ziel ist, erst einmal auf die andere Seite zu gelangen und von da aus unbekanntes Terrain weiter zu erkunden. Es bleibt spannend. Das ist gut. Das mögen wir doch. Das wird spannender als die Felswand und das Elfmeterschießen im Stadion. Spannender als der sechsstellige Deal, den du klarmachst. Das geht weit darüber hinaus.

In dieser neuen Welt brauchst du etwas Orientierung. Der rote Faden ist mit dem ersten Teil des Buches für dich ausgelegt. Du weißt so weit Bescheid. Damit kannst du deinen Verstand schon mal zielführend einsetzen, dafür ist er ja schließlich da.

Im zweiten Teil des Buches lernst du für alle Situationen deines Alltags Trigger (Mindful Moves) und Anwendungen, also Einheiten (Mindful Minute), zunächst in vier Bereichen einer Ebene der Mindfulness Pyramid (BIC-Process) kennen. Deine ersten Erfahrungen und Fortschritte mit den Mindful Men Trigger-Produkten sind da nur ein Anfang. DER Anfang. Danach wirst du plötzlich in verschiedenen Situationen eigenständig und kreativ reagieren. An der roten Ampel wird dich der Blitz treffen. Ohne einen Zusatztrigger. Und du wirst dich an verschiedene Einheiten erinnern. Aus verschiedenen Bereichen. Und dann wirst du immer besser, je nach Gefühl, je nachdem, wonach es dir da gerade aus deiner Intuition heraus ist, entscheidest du, was du für dich machst. Was sich gerade richtig anfühlt. Du wirst in den Flow kommen.

Und du wirst erste Erfolge haben. Schnelle Erfolge. Nachhaltige Erfolge. Anders als beim Kauf von materiellen Dingen, einem neuen Kunden oder dem Konsum von Unterhaltung ist der nachhaltige Gewinn für dich steigend und nicht sinkend. Je mehr du da für dich machst, desto mehr Ertrag hast du. Und der Ertrag bleibt, setzt sich ab, bildet ein Fundament, auf dem du wachsen wirst. Hamsterrad ade, willkommen im Leben. Willkommen im JETZT.

In a nutshell

Am Anfang allen Erwachens, aller Veränderung und aller Entwicklung steht der Impuls. Der Impuls ist die Erinnerung aus mir selbst heraus oder durch einen äußeren Trigger. Dieser Trigger ist am Anfang einer Richtungsänderung entscheidend wichtig. Vor allem in einem äußeren Umfeld, das den Impuls aus dem Innen heraus deutlich erschwert.

Trigger leiten einen kurzen Moment des Erwachens ein. Ein kurzer Blitz, der Bewusst-Sein erzeugt. Volle Aufmerksamkeit über die Sinne. Die Wahrnehmung kommt für diesen kurzen Moment voll ins HIER und JETZT.

Doch dieser Moment will genutzt werden, sonst verfliegt er allzu schnell. Trigger bilden also den Einstiegspunkt in die Mindful Minute, in deine bewusste Minute. Und auf diese solltest du vorbereitet sein. Du solltest in dem Moment wissen, was du mit dieser goldenen Minute anfängst.

8. 1.21 Gigawatt
– Bewusst-Sein und seine Folgen

Manchmal muss man erst einmal durch den Scheibenkleister gehen, um zu Bewusst-Sein zu kommen.

In der Filmreihe gibt es zwei Situationen bzw. Entwicklungen, in denen Bewusst-Seins-Steigerungen zu erkennen sind. Beide betreffen Doc Brown. Marty ist für sein junges Alter auf seine Art schon ein bewusster Mann. Er steht zu sich, sagt seine Meinung, ist mutig und er liebt seine etwas schräge Familie und seine Freundin Jennifer.

Doc dagegen wirkt für sein Alter zwar äußerst sympathisch, aber dennoch wie ein Getriebener. Im ersten Teil versucht Marty zum Ende hin, kurz bevor er zurück in die Zukunft reist, Doc Brown einen Brief in die Tasche zu mogeln, um ihn vor den Ereignissen in der Zukunft zu warnen, die zu Docs Tod führen werden.

Doc Brown entdeckt den Brief zufällig noch, bevor Marty ihn verlassen muss (bezeichnenderweise aus Zeitnot). Er ist in dem Moment unbewusst und will nicht sehen, dass es Marty um ihn geht, um ihre Freundschaft. Obwohl Marty ihm sogar noch zurufen kann, dass sein Leben in der Zukunft davon abhängen wird, will sein Ego in dem Moment nicht sehen, dass die Beziehung zu Marty wichtiger und wertvoller ist als alle Szenarien, die Doc in diesem Moment mental in die Zukunft projiziert.

Doch am Ende des Films, als Marty den vermeintlich erschossenen Doc in seinen Armen hält und dieser unvermittelt seine Augen öffnet, staunt Marty nicht schlecht. Er erinnert Doc an seine eigenen (unbewussten) Worte, man solle nichts über seine eigene Zukunft wissen und welche katastrophalen Folgen das doch in der Zukunft haben könne. Daraufhin sagt Doc mit einer neuen, einer ruhigen, bewussten Stimme und einem verschmitzten Lächeln: «Na ja, ich dachte mir... Pfeif drauf!»

Er ist sich seiner selbst bewusst geworden, nachdem Marty nicht mehr da war. Als er Zeit zum Reflektieren hatte, wie wichtig ihm Marty und die Freundschaft zu ihm ist. Und weil er deswegen Marty in der Zukunft unbedingt wiedersehen wollte, befolgte er den Rat seines Freundes, las den Brief und traf entsprechende Vorkehrungen. Damit rettete er nicht nur sich das Leben, er rettete beiden die Freundschaft, die sich in der Folge und bis zum Schluss des dritten Teiles weiter vertiefen sollte.

Freundschaft ist nichts anderes als Liebe. Und wir sehen anhand dieses Beispiels, dass echte Freundschaften das Bewusst-Sein steigern. Einverstanden?

All you need is love

Die zweite Entwicklung betrifft ebenfalls Doc. Oben haben wir bereits verstanden, warum er zeit seines Lebens unbewusst war. Doch im dritten Teil der Filmreihe kommt auch Doc Brown langsam bei sich selbst an. Er begegnet dem einzigen Phänomen, für das er als Wissenschaftler keine Erklärung hat: Der Liebe. In Form einer Frau. Clara. Clara Clayton. Sie teilt seine Begeisterung für seine Passionen, und er erfährt, wie es ist, dies in einem innigen Verhältnis zu einer Frau zu teilen. Das bringt ihn zur Besinnung. Er versteht es letztlich und entscheidet sich für das Leben. Und damit wird er am Ende zu einem bewussten Mann. Er gibt damit seine Bestimmung nicht auf, aber er teilt sie bewusst mit seiner Familie. Ab da **lebt er in seiner eigenen Mitte. Folgt seiner Bestimmung.** Und **liebt sein Leben in Einheit und Fülle.**

Doch genug erst mal von der Filmreihe, zurück ins wahre Leben. Unser Leben ist schließlich kein Hollywoodfilm, oder etwa doch?

Eher indirekt. Wir leben unseren eigenen Film leider zu selten. Aber gut, auch dazu kommen wir später noch.

Worum aber geht es denn hier überhaupt konkret?

Es geht im Kern schlichtweg darum, dass wir bewusster werden. Aber was heißt das genau? Bewusster?

Bewusst-Sein bedeutet, mit Absicht die eigene volle Aufmerksamkeit auf den gegenwärtigen Augenblick zu richten. Du wirst bewusst, wenn dein Bewusst-Sein dir selbst bewusst wird. In dem Moment, wo dies geschieht, nimmst du plötzlich so etwas wie eine Beobachterperspektive ein. Du wirst zum Kameramann, der seinen eigenen Film dreht.

Kamera, Action

Aha. Lass kurz sacken. Lies es am besten noch mal. Und noch mal. Merkste was?

Bewusst-Sein heißt, den mentalen Fokus auf das HIER und JETZT zu richten. Bewusst ist, wer die Kontrolle und die Entscheidungsgewalt über seinen Geist zurückerobert. Das heißt natürlich nicht, dass wir uns nun den ganzen Tag irgendwo in die Ecke setzen, zwanghaft auf einen Punkt starren und «HIER und JETZT» vor uns hermurmeln. Bewusst-Sein heißt, BEWUSST ZU SEIN in allen Situationen auch mitten im Alltag.

Das heißt, dass wir alles mit voller Absicht tun und mit voller Aufmerksamkeit wahrnehmen. Uns dessen gewahr werden, was genau das JETZT ist. Und im besten Fall sogar fühlen können. Dazu haben wir schließlich unsere Sinne. Sehen. Riechen. Hören. Schmecken. Den sechsten Sinn kennst du auch schon: die Intuition, gefühlte Wahrnehmung, innere Wahrheit. Die Sinne sind unser Zugang zum bewussten Erleben, zu einer authentischen Erfahrung.

> **«Denke immer daran, dass es nur eine wichtige Zeit gibt:
> Heute. Hier. Jetzt.»**
>
> Leo Tolstoi

Anyways. Wir können uns bewusst die Zähne putzen. Wir können bewusst Zwiebeln schneiden und uns gar bewusst den Hintern abwischen. Jetzt sagst du vielleicht: Das mache ich doch schon. Wie sollte ich das auch ohne Bewusst-Sein machen? Aber Unbewusst-Sein heißt ja nicht ohnmächtig. Wir können daher einiges unbewusst tun. Vor allem Dinge, die wir schon oft getan haben. Das können wir auch unbewusst wiederholen, weil unsere Synapsen im Gehirn das draufhaben, physische Prozesse abzuspulen, die wir schon mehrfach wiederholt haben. Sag mir nicht, du würdest während des Zähneputzens nicht mal darüber nachdenken, wie der kommende Arbeitstag verläuft. Diese Dinge laufen im Autopilot, wenn nötig. Das ist schon cool, oder? Aber auch etwas scary. Vor allem aber ist das gefährlich.

Innere Mitte (wieder-)finden

Welcher Mann (zwischen 35 und 60) kennt es nicht: Stratego. Ein strategisches Brettspiel, bei dem sich zwei Kriegsherrn mit ihren Truppen gegenüberstehen. Die Truppen bestehen aus einzelnen Steinen, die verdeckt auf der eigenen Spielhälfte platziert werden. Die Truppe hat wie die Bundeswehr alles, was Rang und Namen hat. Der Feldmarschall bildet dabei die Spitze der Hierarchie. Er schlägt jeden anderen Stein (Rang) bis auf einen. Den Spion. Der wird von jedem anderen geschlagen, ist aber gleichzeitig der Einzige, der den Feldmarschall schlagen kann. Die beiden gibt es auch nur je einmal. Ach so, beide können darüber hinaus auch noch sterben, wenn sie auf eine Bombe latschen. Davon kann Mann ebenfalls ein paar auf dem Feld platzieren. Ziel des Spiels ist es, die Fahne des Gegners zu finden und damit zu erobern. Das Spiel endet genau in dem Moment, wo das einem der beiden gelingt.

Was hat Stratego mit unserem Ziel zu tun, Männern zu helfen, inneren Frieden zu finden und im Alltag entspannter zu sein? Auf den ersten Blick gar nichts. Krieg spielen am Wohnzimmertisch, was soll das? Nun, mehr als du auf den ersten Blick vielleicht sehen kannst.

Die eigene innere Mitte zu finden oder wiederzufinden ist, wie die Fahne bei Stratego zu gewinnen. Mit dem Unterschied, dass wir uns hierbei nicht durch feindliche Linien bewegen, sondern durch die eigenen Abwehrreihen.

Ja, das lass jetzt mal sacken. Durch die eigenen Abwehrreihen.

Im Leben, in unserer täglichen Erfahrung stehen wir uns selbst gegenüber. Wir interpretieren diese tolle Chance sogar oft falsch, indem wir sagen, wir stehen uns selbst im Weg. Wir wollen uns nicht sehen. Tun wir das aber doch, sehen wir uns wirklich an, dann reflektieren wir uns. So als ob wir in den Spiegel schauen. Und erst dann können wir beginnen, uns selbst zu erkennen und zu verstehen.

Ab nach Hause

Und? Wir können damit beginnen, jeden einzelnen Aspekt an uns zu akzeptieren und nach Hause zu holen. Es sind von uns abgestoßene, nicht akzeptierte Anteile. Die haben wir früher nicht so viel gebraucht, weil sie z. B. von unseren Eltern, Lehrern oder anderen Erwachsenen für nicht gut, nicht systemkonform beurteilt oder verurteilt wurden. Um besser vorwärtszukommen, haben wir diesen Ballast vermeintlich abgelegt, indem wir ihn sozusagen unehrenhaft ins Exil geschickt haben. Aber im Exil formiert sich meistens der Widerstand. Die Rebellion. Luke Skywalker und Co.

Komisch, dass wir da, wo dies ganz offen kommuniziert wird, gar keinen Widerstand fühlen: in Hollywood. Im Gegenteil. Egal, ob Star Wars oder andere Geschichten zwischen Gut und Böse: Wir halten zu den Rebellen. Han Solo ist doch irgendwie besser als General Sowieso.

Wenn wir diesen Widerstand, diese Rebellion ignorieren, indem wir in uns nach und nach ein System von Vernunft und Gehorsam errichten, dann wird sich die Rebellion irgendwann zeigen. Unvermeidlich. In Form von Widerstand. Rebellion ist aufgeschobene Evolution. Ist aufgeschobene Innovation. Ist natürliche Erneuerung. Entstehen und Vergehen. Das brauchen wir nicht zu diskutieren, es ist ein Naturgesetz. Wir können Jahrhunderte zurückschauen und werden immer dasselbe Muster finden.

Und Rebellion in dir ist absolut übertragbar. Rebellion in dir findet immer dann statt, wenn du gewissen Emotionen in dir keinen Raum gibst. Wenn du sie ignorierst. Wenn du wegschaust. Es nicht sehen willst. Dich davon ablenkst. Weil es wehtut. Weil es sich nicht gut anfühlt. Weil es unangenehm ist.

Die Ursache dieser Schmerzen sind alte Prägungen und limitierende Glaubenssätze. Das sind im Unterbewusst-Sein verankerte Überzeugen, die u. a. aus Erziehung und Medien aufgenommen und verinnerlicht wurden und die du somit schon seit langer Zeit mit dir durchs Leben trägst. Du schaust sie aber nicht bewusst an. Nimmst sie nicht bewusst wahr. Warum? Weil du dich ablenkst. Du machst die ganze Zeit etwas. Du beschäftigst dich. Und tief in dir weißt du genau warum.

Was können wir tun? Nichts.

Doch zunächst mal geht es genau darum, nicht über das Tun mehr zu uns zu finden, sondern über das Nichtstun. Ja, du hast richtig verstanden. Nichts tun. Gar nichts.

Wann du das tun sollst, das Nichtstun? Dafür ist doch keine Zeit! Ach komm, tu doch nicht so. Die Lücken am Tag sind da. Und letztlich sind es alles Entscheidungen, die du triffst. Jeden Tag aufs Neue. Und letztlich ist die Frage, ob du weiter die Kontrolle über diese Entscheidungen abgibst oder wieder dafür Verantwortung übernimmst.

Filme gucken ist doch auch Nichtstun, sagst du. Nun, wie oben beschrieben ist das eher vermeintliches Nichtstun. Dein Arbeitsspeicher, dein Unterbewusst-Sein, läuft weiter auf Hochtouren. Nichtstun bedeutet aber wirklich Nichtstun. Gar nichts. Jetzt läuft es dir kalt den Rücken runter, stimmt's? Nichts tun? Wir sind doch Macher! Da wird man doch schon nervös, wenn man drüber nachdenkt.

Aber keine Angst, dieser Weg ist nur einer von vielen, die du in diesem Buch kennenlernen wirst. Aber es ist in dem Sinne der wichtigste, weil er am Anfang deiner Reise zurück zu deiner inneren Mitte steht. Das Nichtstun ist der Ausgangspunkt. Es geht vor allem darum, deinen Geist endlich mal zur Ruhe zu bringen. Deinem Gedankenkarussell mal den Stecker zu ziehen. Mentale Leere herbeizuführen. Nicht an gestern denken. Nicht an morgen denken. An gar nichts denken.

> «Der Bereich des Bewusstseins ist viel größer,
> als sich mental ermessen lässt.
> Wenn du nicht länger alles glaubst,

> **was du denkst, löst du dich vom Denken und siehst klar,
> dass der Denker nicht der ist, der du bist.»**

Eckhart Tolle

Wann hast du zuletzt an gar nichts gedacht? Da musst du erst mal nachdenken, was? Wenn du dir das versuchst vorzustellen, fällt es dir vermutlich schwer. Das ist ganz normal und nichts Außergewöhnliches. Eines ist dabei zunächst einmal nur wichtig zu wissen: Hinter dieser geistigen Leere wartet vielleicht erst Unbehaglichkeit und vielleicht auch Schmerz auf dich. Wut. Oder auch Trauer. Wenn du das aber mal zulässt und sei es zu Anfang nur wenige Minuten, dann wirst du schnell merken, dass etwas mit dir passiert.

Es geht darum, die Emotionen, die aus dieser Leere aufsteigen, zuzulassen, wahrzunehmen und anzunehmen. Wichtig dabei ist es, sie nicht zu beurteilen. Nicht zu verurteilen. Es geht darum, ihnen bedingungslose Aufmerksamkeit zu schenken und sie dann bedingungslos anzunehmen. Sie zu akzeptieren als das, was sie sind. Aspekte deiner Persönlichkeit, die aus deiner Erziehung, deiner Ausbildung, den Medien und der Gesellschaft herrühren. Du kannst nichts dafür, du bist frei von Schuld. Du bist wertvoll. Du bist genug. Du bist es wert, dich zu lieben und geliebt zu werden. Denn dann kannst auch du andere lieben. Wie auch dein Leben mit allem, was da noch auf dich wartet.

Und dann wartet etwas auf dich, das du vermutlich in der Form noch nicht erfahren hast. Du kannst loslassen. Du kannst völlige Hingabe üben. Du kannst den Dingen ihren Lauf lassen. In vollem Vertrauen. Und dann wartet die totale Entspannung auf dich. Das totale Abschalten. Einfach sein. Und letztlich folgt daraus ein steigendes Bewusst-Sein. Und das nimmst du dann auch mit zurück in deinen Alltag. Und das wiederum hilft dir nachhaltig, dich nicht wieder in Stress, Unruhe, Unbewusstheit zu verlieren mit allen negativen emotionalen und körperlichen Auswirkungen. Denke also erst mal nicht daran, wie das gehen soll, stelle dir den Nutzen vor, den du erntest. Gehe einfach davon aus, dass das genauso passiert, wie du es hier liest. Und dass du genau das bekommst, wenn du das tust, was hier steht.

Jetzt tief Luft holen

Willst du jetzt wissen, wie das geht? Deinen Geist kannst du am einfachsten dadurch beruhigen, indem du deine Aufmerksamkeit bewusst auf deinen Atem lenkst. Deine Absicht ist es, mit voller Aufmerksamkeit deinem Atem zu lauschen. Allein das hat schon eine erste Auswirkung. Denn dein Atem wird sich direkt verändern. Du wirst tiefer und ruhiger atmen.

Das gute am Atmen ist, du brauchst es nicht zu erzwingen. Willst du leben, musst du atmen. Ganz einfach. Es ist das Einzige, das wir alle tun MÜSSEN, ansonsten ist es recht schnell vorbei.

Die bewusste Atmung hilft uns, zurück ins HIER und JETZT zu kommen.

Jetzt könntest du ja zum Beispiel nur zweimal am Tag für je 1-2 Minuten deinen Fokus mal nicht auf einen Film oder dein Handy richten, sondern dir selber beim Atmen zuhören... Ein... Aus... Ein... Aus...

Gar nicht mal so schwer. Und was fällt dir nach den ersten Versuchen auf? Ertappst du dich dabei, wie du automatisch wieder nachzudenken beginnst? Aber allein diese Erkenntnis ist wichtig! Wieviel Kontrolle hast du über deinen Geist? Denke zurück an das Beispiel mit dem Fernsehen. Wir laufen einen Großteil des Tages auf Autopilot. Fremdgesteuert. Unbewusst. Und das macht uns erst nervös, unruhig und unzufrieden. Wir befinden uns weit entfernt von unserer inneren Mitte. Denn in der inneren bist du ganz bei dir, dir selber bewusst. So wie genau in diesem Moment. Du magst dir den Unterschied vielleicht im Moment noch schwer vorstellen können. Aber schon nach kurzer Zeit wirst du erste Veränderungen bemerken.

> «Meditation bedeutet, bei allem, was man tut,
> völlig aufmerksam zu sein – beispielsweise darauf zu achten,
> wie man mit jemandem spricht, wie man geht, wie man denkt,
> was man denkt.»
>
> Jiddu Krishnamurti

Es wird dir immer besser gelingen, an nichts mehr zu denken und dich nur noch auf deinen Atem zu fokussieren. Wie in allem, was du trainierst, ob Fußball oder Schlagzeug, wirst du auch im bewussten Atmen besser. Für das Training warten im zweiten Teil des Buches einige ganz einfache, schnell umsetzbare Einheiten auf dich. Die kannst du jederzeit im Alltag anwenden. Dafür musst du kein Meditationsjunkie oder Yoga Ass werden. Das Bewusst-Sein kannst du besser step by step konstant entwickeln als in zu großen Schritten und unregelmäßig, weil du es nicht mit deinem Alltag in Einklang bringen kannst. Und je mehr kleine Schritte du in Richtung Bewusst-Sein gehst, desto mehr kommst du mit dir selbst in Einklang, in deine innere Mitte.

Was genau bedeutet das? Einheit bedeutet, mit sich im Reinen zu sein. Einheit bedeutet, im Leben eine Mitte zwischen all den Extremen zu finden. Es geht darum, vermeintliche Gegensätze sowohl in sich als auch im Außen zu vereinen. Wo Licht ist, gibt es auch immer Schatten. Man muss nicht alles neu machen, auch Altes hat seinen Wert. Und so gut es auch für uns ist, gesund zu leben, so darfst du dir auch was gönnen. Es ist okay, vegan zu leben und gleichzeitig angeln zu gehen. Man muss einem Fisch ja nicht das Leben nehmen. Man kann ihm die Freiheit wiederschenken. Und schon wird aus Gegensätzen Einheit. Denn beim Angeln wartet Natur auf dich. Ruhe, Einkehr. Du kannst ins Stadion gehen, die eigene Mannschaft anfeuern, dazu ein Bier trinken. Aber du musst nicht andere Fans verurteilen für ihre Anhängerschaft. Ich kann den Gegensatz genießen. Dass sich beide Fanlager in der Mitte treffen, um gemeinsam etwas zu zelebrieren. Es sind wieder die Gegensätze, welche die Einheit bringen. Die Mitte in allem ist es, die uns den Frieden bringt. Die Einheit aus allem ist es, die uns den inneren Frieden bringt. Daher stehen dieses Buch und wir als Mindful Men vor allem für die Mitte und die Einheit. Nicht immer «entweder – oder». Beides geht zusammen. Und das löst viel auf. Bringt Frieden. Bringt Glück.

Die Wissenschaft hat festgestellt, festgestellt, festgestellt...

Viele von uns Männern wollen von dem esoterischen, spirituellen Quark nichts hören. Und ganz ehrlich: jedem das Seine. Aber wenn wir die eigene aktive Arbeit am Selbstbewusst-Sein ausschließlich wissenschaftlich betrachten, dann ist es doch schon mal etwas anderes, oder? Validierte

Untersuchungen. Langzeitstudien. Schwarz auf weiß. Und dazu gibt es mittlerweile eine beeindruckend große Anzahl.

Diese Erkenntnisse sind nicht neu, wenngleich hochaktuell. Schon in einem Artikel in der Zeit vom 6.11.2011 schreibt Susanne Schäfer:

«Ursprünglich stammt diese Form der Meditation aus dem Buddhismus, der Medizinprofessor Jon Kabat-Zinn entwickelte aber in den siebziger Jahren an der University of Massachusetts eine westliche Variante namens Mindfulness Based Stress Reduction (MBSR). Bei dem achtwöchigen Training beginnen Meditationsschüler meist damit, sich auf körperliche Empfindungen zu konzentrieren. So nehmen sie wahr, dass der Nacken verspannt ist oder der Bauch zwickt. Sie lernen, solche Zustände zu bemerken, aber nicht zu bewerten. Später übertragen sie das auf Emotionen – vielleicht beobachten sie, dass sie Angst haben, steigern sich aber weder in die Furcht hinein, noch versuchen sie, diese zu unterdrücken. Damit schalten sie einen Schritt zwischen Reiz und Reaktion. Wer sich vor einer Präsentation im Job fürchtet oder im Keller einer besonders langbeinigen Spinne begegnet, wird nicht gleich in Panik verfallen, wenn er die neue Haltung beherrscht.»[2]

Zeit Artikel Susanne Schäfer

Die zahlreichen Metastudien und Forschungsarbeiten umfassen ein weites Spektrum an Anwendungen und Zielgruppen. Sie behandeln Auswirkungen der Bewusst-Seins-Arbeit bei chronischen körperlichen Schmerzen und Krankheiten sowie auch Effekte bei psychischen Leiden. Immer mehr Bedeutung nimmt der Bereich der Prävention von Stress, Burnout und Konflikten in Unternehmen ein. Gerade auch wir Powermänner und Macher, die viel Verantwortung für Mitarbeiter oder für ihr Business tragen, wissen doch genau, wovon hier die Rede ist.

Abrakadabra

Dennoch wurden diese Ansätze der «inneren» Arbeit vor Jahren gerade im Unternehmenskontext und vor allem von uns Männern strikt abgelehnt. Warum, das haben wir weiter vorn im Buch schon gelernt. Wir haben es einfach nicht besser gewusst und dazu noch falsch erlernt. Und das ist interessant, denn die Grundlagen für diese Herangehensweisen sind um die 5.000 Jahre alt. Ja genau. 5.000 Jahre. Gut dokumentiert. Noch besser ignoriert. Manchmal tut es sehr weh mit anzuschauen, wie lange wir Dinge tun, die uns allen nicht guttun, und noch viel mehr schmerzt es mit anzusehen, wie lange wir dann auch noch daran festhalten.

Aber gut, schauen wir nach vorn bzw. nach innen.

Hier eine Sammlung an Auswirkungen auf Körper und Geist, die aus dem aktiven Arbeiten an deinem Bewusst-Sein hervorgehen. Im Anschluss kannst du über QR-Codes direkt zu einer großen Anzahl an Studien gelangen, die dir den wissenschaftlichen Background validieren:

Positive Auswirkung auf die Birne (Rübe, Psyche)

- Gesteigertes Wohlempfinden und Glücksgefühl
- Fokus und Konzentration
- Auflösung von Anspannung/ Unruhe
- Loslassen von Angst und Stress
- Stärkere emotionale Verbindung zu Familie/ Partnern/ Freunden
- Emotionale Ruhe und Stabilität
- Prävention von Sucht und Selbstzerstörung
- Steigerung des kreativen Potenzials
- Steigerung der geistigen Produktivität
- Bewussterer Genuss des eigenen Erfolgs
- Gesteigerter Selbstwert
- Gesteigerte Intuition/Spontaneität
- Tieferes Gefühl von Sinn und Bestimmung
- Mehr Widerstandskraft (Resilienz)

- Mehr Energie und positiveres Denken
- Gesünderer Schlaf
- Erhöhte Lernleistung

Ebenfalls belegt sind Effekte auf die Hirnaktivität sowie die Hirnstruktur in acht Regionen, darunter die Emotionsregulation und die Selbstregulation.

Positive Auswirkung auf die Hülle (wie Gott ihn schuf)

- Die Vertiefung des Körper-Gewahrseins und damit eine Verbesserung des eigenen gesundheitsfördernden Verhaltens
- Niedrigerer Blutdruck und Herzfrequenz
- Gesteigerte Regeneration
- Stärkung des Immunsystems
- Erhöhung der Alpha-Hirnwellen
    ⇨ gesteigerte Entspannung
- Verbesserte Synchronisation der Hirnhälften
    ⇨ gesteigerte Kreativität
- Reduktion von Cholesterin
- Gesteigerte Effizienz bei Energie und Sauerstoffbedarf
- Ruhige Atmung
    ⇨ Muskelentspannung
    ⇨ stabiles Nervensystem
- Geringere Schmerzintensität
- Steigerung der Durchblutung im Gehirn

Interessante Studien und Untersuchungen

PubMed

- Englischsprachige Meta-Datenbank
- Suchfunktion zu «Mindfulness Studien»

PubMed

Mindfulness-Research Guide

- Sammlung zu den meistveröffentlichten Achtsamkeitsstudien
- Einzel- und Metastudien
- Viele Untersuchungen mit Zusammenfassungen
- Allein im Jahr 2018 842 Beiträge in Wissenschaftsjournalen zu Achtsamkeit

Minfulness-Research

Current Opinions in Psychology

- Themenheft 8/2019 zu Achtsamkeit
- Knapp 60 Beiträge zu aktuellen Forschungsergebnissen

Current Opinions

- Sevinc, Gunes et al. (2019): Strengthened Hippocampal Circuits Underlie Enhanced Retrieval of Extinguished Fear Memories Following Mindfulness Training in Biological Psychiatry. In: Biological Psychiatry Journal. 86(9).

Biological Psychiatry

- Janssen, Mat et el. (2018): Effects of Mindfulness-Based Stress Reduction on employees' mental health: A systematic review. In: PLOS ONE. 13(1).

Effects of MBSR

- Peter Sedlmeier (2016): Die Kraft der Meditation – was die Wissenschaft darüber weiß. Rowohlt Verlag.

Die Kraft der Meditation

- Ullrich Ott (2015): Meditation für Skeptiker: Ein Neurowissenschaftler erklärt den Weg zum Selbst. Droemer.

Meditation für Skeptiker

In a nutshell

Bewusst-Sein heißt, im HIER und JETZT zu SEIN. Nicht zu denken. Zu SEIN. Das Leben, das Erleben, die gelebte Erfahrung findet nur JETZT statt. Bewusst-Sein heißt, sich selbst, jemand anderen oder eine Sache bewusst wahrzunehmen. Mit voller Aufmerksamkeit und Absicht. Wahrnehmen. Nicht beurteilen. Nicht verurteilen. Nur wahrnehmen.

Bewusst-Sein heißt auch, auf seinen Körper zu hören. Ein Körper-Bewusst-Sein zu entwickeln. Das kann man trainieren. Indem man bewusst hinhört und hinfühlt, was der Körper einem sagt. Der Körper ist nun mal in dieser physischen Welt dein Vehikel. Dazu gibt es wunderbare Kurzübungen, die wir uns im zweiten Teil des Buches ansehen.

Ein gesteigertes Bewusst-Sein führt dazu, alles im Außen intensiver wahrzunehmen, alles wird «schöner». Die Farben leuchten prächtiger, die Gerüche sind intensiver, die Geräuschkulisse differenzierter.

Daran erkennst du vielleicht auch, dass deine Sinne ein entscheidender Zugang zu einem höheren Selbst-Bewusst-Sein und einem Bewusst-Sein im Außen sind. Du kannst deinen Partner mit voller Aufmerksamkeit sehen. Du kannst ihn fühlen. Du kannst die Aromen deines Essens riechen oder schmecken. Du kannst Vögel zwitschern hören.

Und du kannst deine Sinne trainieren. Auch das mit ganz einfachen Übungen, die du jederzeit im Alltag anwenden kannst. Dafür musst du dich weder umziehen noch die Augen schließen. Es geht jederzeit und überall. Auch dazu mehr im zweiten Teil.

Du bekommst nun vielleicht langsam ein Gefühl dafür, was Bewusst-Sein heißt. Und dass du dafür nicht jeden Tag in Yoga-Hose 15 Minuten meditieren musst. Es gibt mehr als Atemübungen, auch wenn diese ein sehr effektiver Zugang zu Bewusst-Sein sind. Für dich aber, in deinem Leben, in deiner individuellen Situation, in diesem heutigen System mit allen Herausforderungen, die es uns dabei sehr schwer machen, zählt nur eines:

Dass du das in deinem Leben dauerhaft möglich machst. Auf deine Weise, mit Spaß und Erfolg. All right?

9. Wir müssen diese Zeitmaschine zerstören
– Gewohnheiten ändern

Gewohnheiten sind erlernte Verhaltensweisen oder Muster, die wir so oft wiederholen, dass sie irgendwann «ins Blut» übergehen. Sie werden weniger bewusst als vielmehr unterbewusst abgespult. Hast du dich schon mal selber bewusst beim Autofahren beobachtet? Ist schon beeindruckend, mit welcher Leichtigkeit man verschiedene Bewegungsabläufe plus Rumschnauzen und Hupen gleichzeitig hinbekommt.

Doch so beeindruckend das auf der einen Seite ist, so wenig hilfreich ist es auf der anderen: Die Gewohnheiten kommen aus dem Ego. Das heißt, aus dem Unbewussten. Das Unbewusste ermächtigt sich – programmiert durch unsere erlernten Muster und Glaubenssätze – unseres Geistes. Unsere Fähigkeiten des Verstandes werden missbraucht, um Gewohnheiten abzuspulen und zu wiederholen, die zum Teil weder uns noch anderen guttun. Manche der Muster sind gar selbstzerstörerisch und haben damit negative Auswirkungen auf unser Leben und unsere Beziehungen.

Bevor Mann destruktive Gewohnheiten ändern kann, sollte er es vor allem wollen. Wie ist dein Stand JETZT und HIER in diesem Buch? Fühlt sich das alles gut und richtig an? Fühlst du Widerstand? Bist du überhaupt noch dabei?

Wenn du noch dabei bist, wenn du es willst, dann ist die Ausgangsposition günstig. Du weißt bereits, dass es deine Erkenntnis und deinen Willen braucht. Die Erkenntnis und das Verständnis, warum alles so ist, wie es bisher ist, solltest du bis hierhin grob erfasst haben. Das sollte zumindest reichen, um Vertrauen zu haben und weiterzugehen.

All right, mach dich bereit

Um dir schadende Gewohnheiten zu ändern, musst du zunächst verstehen, wie Gewohnheiten funktionieren. Der Mindful Men Habit Transformator wird dir dabei eine optische, visuelle Veranschaulichung bieten, die dir auch in der konkreten Umsetzung hilft. Du wirst dein Verhalten ändern und die Gewohnheiten zu deinem und zum Vorteil aller transformieren.

Alle Gewohnheiten haben drei Elemente: Trigger, Verhalten und Konsequenz.

1. Trigger
Der Trigger initialisiert die Gewohnheit. Er kann etwas sein, das du siehst, ein Ort, den du besuchst, oder einfach ein Gedanke, eine Emotion oder eine körperliche Empfindung. Er kommt aber auf jeden Fall über deine Sinne. Deine Wahrnehmung.

2. Verhalten
Das Verhalten ist die Gewohnheit an sich. Das kann eine physische Angewohnheit wie Nägelkauen sein, oder zu viel Zeit, die du auf Social Media-Kanälen verbringst. Oder es ist eine mentale Gewohnheit wie Sorge oder Selbst-Verurteilung.

3. Konsequenz
Die Konsequenz ist dein Gemütszustand nach dem Ausleben der Gewohnheit. Es ist das, was es dir bringt oder nicht bringt. Kurzfristig kann das Vergnügen, Befriedigung oder Spaß bedeuten. Langfristig wird es eher das Gegenteil bewirken. Schmerz, Sehnsucht, Selbstzerstörung.

Stelle dir zur Veranschaulichung vor, du hast bisher die schlechte Angewohnheit zu oft zu viele Süßigkeiten oder Chips zu essen.

1. Trigger

Emotionen/ Empfindung
- Nach einem langen Arbeitstag bist du ausgelaugt und geschafft

- Nach einem Essen fühlst du dich immer noch unruhig oder nicht satt

Situation
- Eine Tüte Chips liegt auf der Küchenanrichte
- Es gibt keine gesunden und leckeren Alternativen im Haus

2. Verhalten
- Du isst eine ganze Tüte Chips oder Kekse

3. Konsequenz

In dem Moment
- Weniger Hunger/Appetit befriedigt
- Zucker/Salz verursacht kurzfristig Glücksgefühle

Nachhaltig
- Sinkende/geringere Selbstkontrolle (Nein sagen)
- Kann zu Übergewicht und Krankheiten führen
- Das wiederum macht langfristig psychisch unglücklich

Indem du deine Gewohnheiten in diese drei Prozesse unterteilst, beginnst du zu erkennen, wo der Ausgangspunkt, der Trigger deiner Gewohnheit liegt. Du verstehst, wie wenig hilfreich und nützlich sie für dich sind. Das sind neue und elementare Informationen für deinen Verstand, um alte Gewohnheiten zu brechen und dauerhaft zu ersetzen.

Let´s go

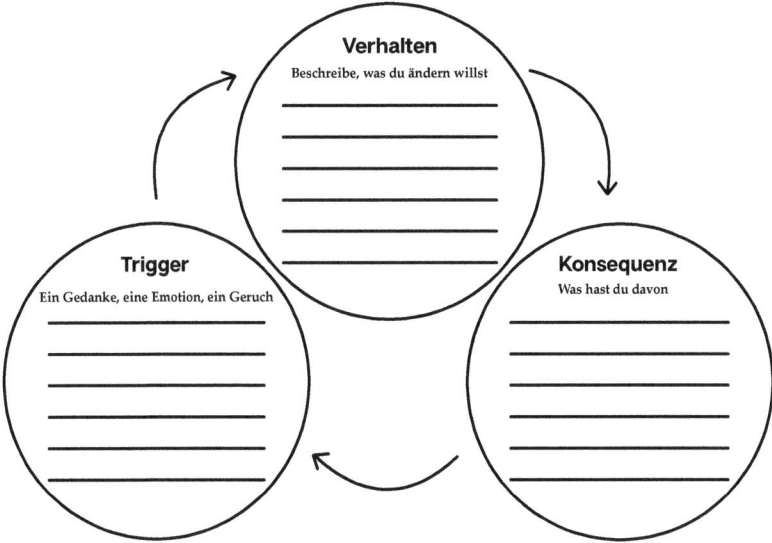

Das Arbeiten mit dieser Grafik dient der Visualisierung einer negativen Gewohnheit. Du kannst dir diese Grafik unter dem folgenden QR-Code herunterladen und beginnen, damit zu arbeiten.

MM Habit Transformator

Dazu genügt vorerst ein Versuch pro Tag. Fülle die Grafik anhand einer Gewohnheit aus, die aus deiner Sicht dein Bewusst-Sein mindert bzw. dich eher im unbewussten Zustand hält. Um es dir am Anfang zu erleichtern, hier ein Beispiel, das in den Kontext «Powermänner und Bewusst-Sein mitten im Alltag» passt:

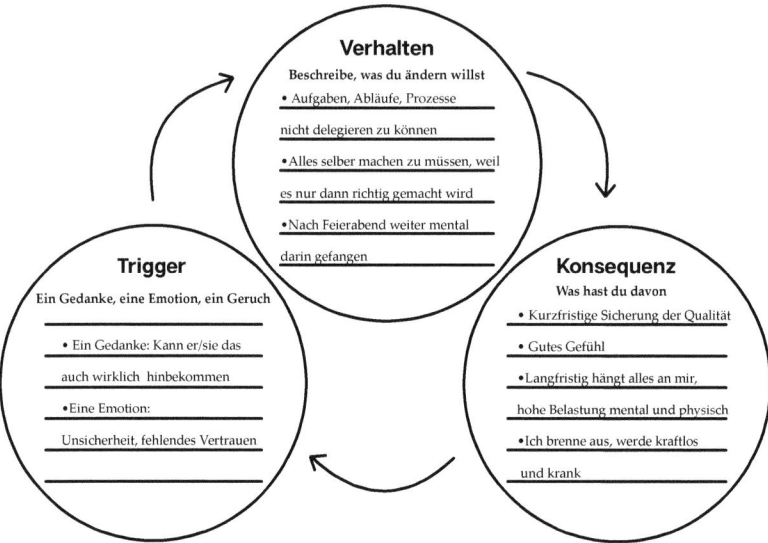

Weil Gewohnheiten mit Triggern arbeiten bzw. auch hier alles vom Trigger ausgeht, haben wir eine schöne Parallele zu dem Prozess steigenden Bewusst-Seins. Nur dass wir uns da eines Triggers bedienen, um das Bewusst-Sein im JETZT mit dem Blitz-Moment zu aktivieren.

Wenn wir nun beide Prozesse kombinieren, dann schlagen wir zwei Fliegen mit einer Klappe. Zunächst visualisieren wir eine oder idealerweise nach und nach alle negativen Glaubenssätze (Trigger) und die daraus folgenden Gewohnheiten und Konsequenzen mit dem Mindful Men Habit Transformator.

Dann beginnen wir uns Mindful Moves (Trigger) in den Alltag einzubauen, die uns mehrfach am Tag ins Bewusst-Sein holen. In diesem Moment können wir zunächst kurz im Geiste visualisieren, was wir im Habit Transformator erarbeitet haben, siehe das Beispiel im Schaubild oben. Wenn wir uns kurz erneut klar werden, was das langfristig mit uns macht, steigt in dem Moment auch die Lust, das zu ändern. Es loszulassen.

Das wiederum bringt uns in ein akut starkes Mindset, um uns für die Mindful Minute, die Anwendung, zu motivieren und es bewusst durchzuziehen.

Damit steigern wir unser Bewusst-Sein und ändern gleichzeitig in einem Abwasch die alte Gewohnheit, die wir in genau diesem Moment schon einmal für 1-2 Minuten durchbrechen und bei uns sind. In Ruhe verweilen. Nichts tun. Für niemanden erreichbar sind. Durchatmen. Uns stärken.

Diese positive Erfahrung wird nachhaltig Auswirkungen auf dich haben, denn sie führt gar zu einer Positivspirale. Dein steigendes Bewusst-Sein lässt dich wacher sein, um im jeweiligen Moment den Impuls, den Trigger wahrzunehmen, der dich in deine schlechte Gewohnheit reinziehen will. Diese wachen Momente wiederum kannst du dann wieder für eine Visualisierung und Erkenntnis nutzen (s.o.). Und du kannst auch in diesen Momenten eine Mindful Minute einlegen, obschon der Ausgangspunkt eigentlich ein negativer Trigger war. Kein Mindful Move, den du gesetzt hast, sondern ein negativer Gewohnheitstrigger.

Du kannst nun von zwei Seiten an die Sache herangehen und beides miteinander verknüpfen. Damit hat das unbewusste Ego-Konstrukt ein Problem. Es bleibt nicht länger unentdeckt. Es kann sich nicht mehr verstecken. Je mehr und öfter du es ertappst oder aktiv durch Bewusst-Sein ersetzt, umso weniger kann es sich zeigen, umso mehr und eher wird es verschwinden.

Marty würde jetzt sagen: «Das ist stark!»

10. Ihr Freund Marty
– Bewusste Connections

Den letzten beiden Kapiteln des ersten Teils dieses Buches werden wir nicht allzu viel Raum geben. Sie werden uns über dieses Buch hinaus weiter begleiten. Sie sind wichtig, denn am Ende wird sich dein Bewusst-Sein in den Bereichen deines Lebens manifestieren, die auch dir so wichtig sind. In den Beziehungen zu Menschen und in dem, was du tust. In deinem Business. Und dein steigendes Bewusst-Sein kann und wird sich auf ganz wunderbare Art und Weise in diesen Lebensbereichen zeigen. Freu dich darauf. Alles kann sich ganz anders zeigen, als du es bisher erlebt hast. Sehr viel freier, leichter, inspirierender und stärker.

Wir werden dir hier nur erste Einblicke geben in das Leben eines bewussten Mannes, der seine Beziehungen lebt und pflegt. Und der Sinnstiftendes und Großartiges schöpferisch erschafft.

In der Filmreihe «Zurück in die Zukunft» ist die Beziehung zwischen Marty und Doc Brown eine besondere. Das spürt man von Anfang an. Beide geben einander etwas, das sie familiär und anderweitig freundschaftlich nicht bekommen. Es ist eine besondere Verbindung.

Das Besondere an einer besonderen Beziehung ist aber, dass diese sich entwickeln kann. In einer bewussten Beziehung kann man aneinander wachsen.

Wenn du offen bist als bewusster Mann, dann kommen sehr besondere Menschen in dein Leben, die dich nehmen und schätzen, wie du bist. Die dich weiterbringen und Teil deiner Reise werden. Das Gleiche gilt natürlich auch andersherum.

Aber die wichtigste Beziehung, die du in diesem Leben führst, ist die Beziehung zu dir selbst. Und es ist doch mehr als bezeichnend, dass wir genau diese Beziehung oft unbewusst führen. So als ob die Beziehung zu uns selbst die Aufmerksamkeit nicht verdient hätte. Als ob wir das nicht verdient hätten.

Die wahre Größe eines Mannes zeigt sich in den Momenten, in denen er allein mit sich ist. Unbeobachtet. Was machst du dann? Welche Entscheidungen triffst du? Wie bist du zu dir?

Wie oft kannst du mit dir selbst sein und dabei nichts tun. Nur bei dir sein. Mit dir sein. Immer noch schwer vorstellbar? Selbstliebe heißt nicht, sich mit einem neuen Auto zu belohnen. Belohnen kannst du dich. Gönn dir. Selbstliebe aber heißt, sich selbst bedingungslose Aufmerksamkeit zu schenken. In dein Inneres hineinzufühlen. Wahrzunehmen, was da ist. Die meisten von uns sind dazu bislang nicht in der Lage. Obschon es nicht so kompliziert und schwierig ist, wie du im ersten Moment vielleicht glaubst. Es ist schließlich zunächst mal eine Entscheidung. Setze dich doch mal in Ruhe hin. Schalte alle externen Quellen aus oder entferne sie. Mach es doch einfach mal. GEHE DAVON AUS, dass du dabei etwas Neues erfahren wirst. Etwas Neues auf den Weg bringen wirst. Vielleicht etwas für dich Bedeutsames.

Du bekommst im zweiten Teil des Buches eine genaue Anleitung für diesen Weg nach innen. Habe keine Angst davor. Am Ende wartet da jemand auf dich, dem du lange Zeit nie die Aufmerksamkeit entgegengebracht hast, die er verdient. Du selbst.

Wenn du willens und in der Lage bist, in kleinen Schritten Selbstliebe zu kultivieren, dann passieren mächtige Dinge, das lass dir gesagt sein.

Wundere dich nicht, oder wundere dich gern doch, wenn sich plötzlich die Beziehungen zu anderen Menschen verändern. Wenn deine eigene Mutter sich vor deinen Augen in einen völlig neuen Menschen verwandelt. Wenn deine Frau plötzlich entspannter ist mit dir. Wenn deine Kinder sich von jetzt auf gleich entpubertieren. Wenn sich die Kommunikation mit Geschäftspartnern mit einem Male leicht und luftig anfühlt. Alles geht etwas leichter vonstatten, und du verstehst, dass die Beziehungen zu Menschen einen großen und entscheidenden Raum in deinem Leben einnehmen. Und sie können es dir leicht oder auch sehr schwer machen, dein Leben zu genießen und glücklich zu sein.

Bewusste Beziehungen haben die Macht, dir Tür und Tor zu öffnen. Aber ganz vorne steht die Prüfung deines Lebens. Die Beziehung zu dir selbst. Das hat was mit Wahrhaftigkeit zu tun. Wie könntest du andere Menschen lieben, wenn du dies dir selbst nicht entgegenbringen kannst?

Wenn du diesen ersten Schritt gegangen bist, dann kannst du bewusste Beziehungen zu anderen Menschen in deinem Leben etablieren.

Und denke daran, es gab andere vor dir, die diese Dinge erst dann erkannt haben, als sie es nicht mehr ändern konnten. Daher an dieser Stelle sinngebend aus den letzten Worten von Steve Jobs, Visionär und Gründer von Apple:

> «Wertschätze die Liebe zu deiner Familie, liebe deinen Partner, liebe deine Freunde …
> Behandle dich gut und sorge dich um andere.»[3]
>
> Steve Jobs

Wer sind die wichtigsten Menschen in deinem Leben? Deine Eltern? Geschwister? Deine Frau? Deine Kinder? Deine besten Freunde? Deine Geschäftspartner? Deine Kunden?

Picken wir uns exemplarisch ein paar Menschen raus.

Eine bewusste Beziehung zu deiner Freundin/Frau

1. Sei dir darüber klar, dass hinter jedem starken Mann eine starke Frau steht. Die wahrhaftige Verbindung mit einer Frau in einer von Bewusst-Sein geprägten Beziehung kann dich auf ein völlig neues Level heben. Sie kann dein Potenzial zur vollen Entfaltung kommen lassen und dir dabei pures Glück in totaler Einheit schenken.

2. Sei immer ehrlich, offen und direkt. Halte mit nichts hinterm Berg.

Mit gar nichts. Eine bewusste Frau wird dir dann immer helfen. Wird bei dir sein. Sei dabei mutig. Sage auch deine Meinung, wenn sie abweicht von der ihren. Erkläre dies. Mit Respekt.

3. Sag ihr, was dich wirklich beschäftigt. Weihe sie ein. Sie ist deine Verbündete. Wenn du gelernt hast, deine Gefühle wahrzunehmen und benennen zu können, dann sage ihr, was du fühlst. Teile deine Gefühlswelt mit ihr. So begibst du dich in wahre Verbundenheit mit ihr.

4. Bei allem, was du tust, frage dich, ob du das auch für sie tun kannst. Wenn du dir einen Kaffee machst, frage sie, ob sie auch einen will. Oder mache ihr einfach einen mit, wenn du weißt, dass sie um die Zeit einen mag.

5. Frage sie nicht immer, was sie will. Womit kannst du ihr eine Freude machen? Komm von selber darauf. Lerne sie so gut kennen, dass du weißt, was sie glücklich macht. Und mache sie dann glücklich. Frage sie an ihrem Geburtstag nicht, was sie sich wünscht oder wie sie den Tag verbringen möchte. Schmiede einen Plan, verbinde ihr die Augen, entführe sie, überrasche sie. Schenke ihr Abenteuer.

6. Frage sie so oft es geht vor schweren, relevanten Entscheidungen nach ihrer Meinung. Beziehe ihre Meinung in dein Gesamtbild mit ein. Und dann: Entscheide selbst. Entscheide in vollem Bewusst-Sein, die gesamte Verantwortung für deine Entscheidung übernehmen zu wollen und zu können.

7. Tu, was du sagst. Stehe immer zu deinem Wort. Übernimm Verantwortung für dein gesprochenes Wort. Sieh es als einen Vertrag mit dir selbst. Wenn du sagst, dass du innerhalb von 14 Tagen den Rasen mähst, dann mach das auch! Keine Ausreden. Keine Ablenkung. Du sagst es. Du machst es.

8. Lebe deine Bestimmung. Lebe in deiner höchsten Vision. Jede bewusste Frau will mit einem Mann gehen, der seiner Bestimmung folgt. Aber vergiss sie dabei nicht. Denn sie kann den Unterschied ausmachen.

Das bildet für den Moment einen ersten Ausschnitt. Du wirst von uns mit Kauf dieses Buches über den digitalen Zusatzcontent dazu weitere vertiefende Inhalte und Tipps erhalten.

Verstehe JETZT erst mal, dass ein bewusster Mann seine Frau wirklich auswählt und liebt. Ein bewusster Mann ist der Frau gegenüber achtsam. Er sieht sie. Er nimmt sie wahr. Er lebt nicht nur in seinem Visionstunnel. Er erkennt ihre wertvollen Gaben und will mit ihr eins sein. Versuche doch mal etwas von den genannten Punkten umzusetzen. Frage dich, welche der Punkte du an einem vollständig bewusst gelebten Tag einbringen kannst. Versuche nicht zehn Tage jeweils einen Punkt zu berücksichtigen und den Rest des Tages unbewusst unterwegs zu sein. Schenke dir und ihr diesen einen komplett bewussten Tag.

Eine bewusste Beziehung zu deinen Kindern

Wir machen viel falsch in der Erziehung. Allein, dass wir das immer noch «Erziehung» nennen, sagt viel aus. Wir machen aber auch schon viel richtig. In vielen Fällen machen wir schon mehr richtig als unsere Eltern. Das sehen wir am steigenden Bewusst-Sein der jungen Generationen. Dich stören Fridays for Future & Co? Dann sieh doch mal genau hin, was diesen jungen Menschen wichtig ist. Es ist empfehlenswert, mit jungen Menschen Anfang 20 zu sprechen. Wie sehen sie die Welt? Was ist ihnen wichtig? Was wollen sie verändern? Was wollen sie erschaffen? Was wollen sie hinterlassen? Nicht erschrecken vor der Reflektiertheit, der Klarheit und dem Spirit, auf den du triffst.

Kinder und junge Menschen sind ein Spiegel für uns Erwachsene. Deine eigenen Kinder sind dein größter Spiegel. Wenn du bewusst hinsiehst, siehst du dich selbst. Deine Kinder zeigen dir jederzeit, wie du bist und lebst. Du wirst also dein Unbewusst-Sein im Verhalten deiner Kinder sehen. Sie sind nervig, anstrengend, fordernd usw. Und du wirst dein Bewusst-Sein in ihnen entdecken. Sie sind kooperativ, inspirierend, witzig und alles, was du selber bist, wenn du bewusst bist.

Aus diesem Grund sind deine Kinder eine der größten Chancen, die du hast, um deinen Grad an Bewusst-Sein zu messen. Wenn dir eine harmonische, kooperative, liebevolle Beziehung zu deinen Kindern wichtig ist, dann versuche doch einfach mal mit gutem Beispiel voranzugehen:

- Bring ihnen Empathie bei. Wie? Indem sie dich dabei beobachten, wie du dich in die Lage anderer versetzt. Zeige ihnen, wie du durch die Augen anderer siehst. Durch deren Ohren hörst. Gerade bei den Menschen, die eine andere Meinung haben als du. Sie werden es dir nachtun. Das hat Auswirkung auf ihr Leben. Und auf dein Leben mit ihnen.

- Der beste und einfachste Weg, Empathie zu fördern, sind Rollenspiele. Professionelle Schauspieler, die ihr Leben lang dieselbe Rolle spielen müssen, enden am Ende oft in Depressionen. Robin Williams zum Beispiel. Genauso wie für Schauspieler und jeden anderen Erwachsenen ist es gerade für Kinder in ihrer Entwicklung elementar wichtig, dass sie in verschiedene Rollen schlüpfen können. In den Bösewicht. In den Superhelden. In das Tier. In die Mutterrolle. Die Vaterrolle. Die Kindesrolle. Kinder testen sich eigentlich den ganzen Tag in unterschiedlichsten Gewändern. Wenn wir sie lassen. Und das ist das Problem. Der einfachste und effektivste Weg, der im Übrigen auch noch am meisten Spaß bringt, ist mitzumachen. Ja, schon klar, dafür sind wir viel zu alt. Da macht man sich doch zum Affen. Ja, mach dich doch mal zum Affen. Du glaubst gar nicht, wie befreiend das ist.

- Fördere sie in ihrem Sein. Fördere das, was gerade JETZT aus ihnen herauswill. Gehe da nicht nach DEINEM Plan, was sie lernen sollen. Was sie durchziehen sollen. Sei auch da wieder ein Vorbild. Wenn du willst, dass sie an etwas dranbleiben, dann zeig ihnen, dass du das auch kannst. Ansonsten unterstütze sie in dem, was sie interessiert. Auch wenn das morgen etwas anderes ist als heute. Ein Kind muss sich ausprobieren. Manchmal eine ganze Zeit lang. Wie soll es seine Passionen kennenlernen, wenn es in eine Richtung getrieben oder festgelegt wird? Lass es machen.

- Sei bei deinem Kind. Egal, ob drei oder 16 Jahre alt. Sei einfach da. Erkläre nichts, frage nichts. Mach nichts. Plane nichts. Setz dich zu deinem Kind und schau ihm nur über die Schulter. Mit bedingungsloser Aufmerksamkeit. Sei nur da. Sei ganz bei ihm. Denke an nichts. Sei ganz bewusst bei deinem Kind. Und beobachte, was passiert.

- Bringe deinem Kind gute Tugenden bei. Dankbarkeit, Vergebung, Hingabe, Vertrauen, Mut, Fleiß, Demut. Alles, was dir wichtig ist und was du deinem Kind auch im Alltag selber zeigen kannst. Davon erzähle ihm. Und erzähle ihm von Geschichten, in denen diese Tugenden vorkommen. Märchen, Heldengeschichten, eigene Erlebnisse. Und dann gehe den nächsten Schritt und denke dir Geschichten selber aus. Erzähle einfach mal drauf los. Spontan. Nimm Personen aus deinem Leben, am besten deine Kinder und dich und bau um sie herum eine Geschichte. Du wirst sehen, nach nur ein paar Sessions seid ihr mitten in einer spannenden und inspirierenden Story und du kannst ihnen, wenn du erst einmal im Flow bist, über diese Geschichte direkt deine Werte und Tugenden vermitteln. Sie werden es sofort annehmen.

Fehlen u. a. noch bewusste Beziehungen zu Geschäftspartnern, also den Menschen, die dir helfen, deine Vision zu entfalten. Die nehmen wir mit ins letzte Kapitel des ersten Teils.

11. ELB Enterprises 2.0
– Bewusstes Business

Bei «Zurück in die Zukunft» ist der innovativ denkende Doc Brown zuvorderst inspiriert von Jules Verne. Und das ist auch kein Wunder. Jules Verne hatte die Fähigkeit, Menschen dank seines visionären Science-Fiction-Ansatzes in einer packenden Story mitzureißen.
Und es passt so wunderbar zu diesem Buch, dass eine seiner besten Geschichten lautet: Die Reise zum Mittelpunkt der Erde. Denn auch diese Reise geht zum Mittelpunkt. Zurück zur inneren Mitte.

Doch Jules Verne war auch sehr kritisch diesen möglichen technischen Entwicklungen gegenüber. Er hatte Sorge, dass diese kommenden revolutionären Erfindungen und technischen Entwicklungen missbraucht werden würden. Das treibt viele große Visionäre und Erfinder um. Selbst Elon Musk hat die Angst, dass wir dem Verstand so viel Macht geben, dass er eines Tages ein eigenes Bewusst-Sein entwickelt. Ein Bewusst-Sein aus einem technischen Verstand. Man möchte es sich lieber nicht vorstellen, zu welchen Schlüssen so ein Verstand kommt, wenn es um Fehler, Liebe, Schmerz, Toleranz usw. geht. Ineffizient könnte das Urteil lauten.

Das hat auch Doc Brown erkannt, nachdem der DeLorean, also die Zeitmaschine im zweiten Teil der Geschichte, vom Bösewicht der Filmreihe entwendet und zu eigenen Interessen genutzt wird. Das löst eine fatale Kettenreaktion in der Zukunft aus mit dramatischen Folgen sowohl für Marty, seine Familie als auch für Doc Brown selbst.

Da erkennt Doc, wie wichtig es ist, verantwortungsbewusst mit Technik und Wissenschaft umzugehen, um damit den nachfolgenden Generationen einen Nutzen zu hinterlassen.
Leben kann er das aber erst am Ende der Filmreihe, als er selbst das größte

Mysterium findet und erforscht: die Liebe. Die kann er nämlich wissenschaftlich nicht erklären. Aber er fühlt sie. Gefühlte Wahrnehmung, du erinnerst dich. Als Doc die Liebe findet, kann er in seiner höchsten Vision leben. Als bewusster Mann in einer bewussten Beziehung nutzt er sein Wissen und seine Forschung für die Menschheit.

Bewusstes Business heißt damit auch, nicht Beruf und Familie zu trennen, sondern beides in Einklang miteinander zu bringen. Vielleicht sogar die Familie mit an Bord zu holen. Ihnen Einblick geben, sie als Inspirationsquelle und wichtigste Kritiker einzuladen. Und eine Konstellation zu schaffen, in der das Sein und Handeln in Einklang miteinander stehen können.

> **«If you get up in the morning and think the future is going to be better, it is a bright day. Otherwise, it's not.»**
>
> Elon Musk

Am Ende steht die Selbstfindung. Sie ist im zweiten Teil des Buches Teil des BIC-Process. Da wirst du herangeführt. Zuvor steht aber die Steigerung deines Bewusst-Seins im JETZT. Ab einem bestimmten Grad an Bewusst-Sein kannst du bei der Selbstfindung besser vorankommen, besser sehen.

Für den Anfang kannst du dazu auch gute Bücher lesen, wie wäre es zum Beispiel mit diesem hier:

«Finde dein Warum» von Simon Sinek

Der Output dieses Prozesses ist es, dass du zum ersten Mal aus der Empfindung deiner inneren Wahrheit heraus diese Fragen beantworten kannst:

1. Wer bin ich?
2. Wofür stehe ich?
3. Was will ich?

Daraus lässt sich deine Bestimmung, deine Vision für dein Leben ableiten und formulieren. Du sagst, eine Vision brauchst du nicht mehr? Der Zug ist abgefahren. Und überhaupt ist das Geschwurbel. Klar, verständlich. Wir sind Macher, keine Träumer.

 *Aber nehmen wir mal an, du hast einen Traum. Und der ist schon immer da. Du hast ihn aber schon lange vergessen. GEH MAL DAVON AUS, dass da was dran ist. Was heißt das? Dann gibt es in dir so etwas wie eine genaue Vorstellung, ein Bild davon, was du auf diesem Planeten, in diesem Leben tun sollst und warum. Dazu sagen wir JETZT Vision.*

Die Vision könnte lauten: das Bewusst-Sein in der Welt zu steigern. Oder Powermännern zu helfen, ihre innere Mitte wiederzufinden. Oder an Lösungen für das globale Plastikmüllproblem oder den Klimawandel mitzuwirken.

Eines wird dir schnell klar sein. Wenn du von den Antworten auf die drei Fragen oben und von einer daraus abgeleiteten Bestimmung für dein Leben ausgehst, dann öffnet sich vor dir etwas vollkommen Neues. Und du wirst künftig alles daran ausrichten. Du kannst bei jeder Entscheidung, an jeder Kreuzung oder Weiche des Lebens immer rückkoppeln mit deiner Bestimmung. Und irgendwann, wenn du es zulässt, wenn du loslässt, kann es sich klar vor dir entfalten und du kannst zu einem neugierigen, vergnügten Beobachter deines eigenen Weges werden. Klingt wie auf Droge? Ja, gar nicht mal so verkehrt. Aber nicht künstlich herbeigeführt wie bei Drogen. Oder Spielsucht. Workaholics. Kaufen. Konsumieren. Kennst du deine Bestimmung, brauchst du keine Ablenkung mehr.

Aus der Vision folgt die Mission. Das ist die Lösung, das Produkt, der

Service und ein smartes Geschäftsmodell, das deinen Beitrag ausdrückt. Das, was du hinterlässt. Was einen Impact erzeugt. Etwas mit SINN. Ein smartes Geschäftsmodell ist eines, das dich nicht mehr vereinnahmt. Nie mehr. Keine Abhängigkeiten mehr. Freiheit. Unabhängigkeit. Und dennoch skalierbares Unternehmertum.

Kooperation und Co-Kreation sind dann der Multiplikator für die Entfaltung deiner Mission in der Welt. Das sind Menschen und Türen, die dir begegnen auf deiner Reise. Du verbindest dich in freier Kooperation, gehst durch die Türen und dein Beitrag wird sich ausbreiten und verbinden. In einer höheren Vision mit anderen, die so sind wie du. Und für andere, die das brauchen, was du geben kannst.
Geld ist dabei die geringste Motivation. Money follows vision.

Hier ein paar erste Tipps und Ansätze, wie du Conscious Business (Bewusstes Unternehmertum) besser verstehen und für dich adaptieren kannst, wenn du so weit bist. Vielleicht ja schon JETZT:

1. Lass dir nicht erzählen, dass es romantisch ist, die Welt verbessern zu wollen. Sag ihnen, dass es im Sinne unserer Kinder und aller nachfolgenden Generationen fahrlässig wäre, die Welt nicht sofort zu verbessern. Ab heute. JETZT. Und jeden Tag aufs Neue. Schauen wir uns doch nur all die Auswirkungen des bestehenden Finanz- und Wirtschaftssystems an. Reine Orientierung an Profit und Wachstum zum Vorteil einiger weniger (Shareholder Value) kann auf der anderen Seite nie zu Common Sense (Gemeinwohlökonomie) führen. Das eine schließt das andere aus. Wirtschaftliche Orientierung und Gewinnpotenzial dagegen schließt Mehrwertökonomie nicht aus. Wenn aber der Gewinn eines Unternehmens neben den Kosten nur in die Vision und Mission reinvestiert werden, dann sprechen wir von einem Purpose-Unternehmen.

Ecosia ist ein Purpose-Unternehmen. Schau dir diesen Bericht an, und viele Fragen beantworten sich dabei von selber.

Arte Doku zur neuen Generation Purpose-Unternehmen

Und es geschieht bereits. Unternehmensberater berichten davon, wie sie JETZT mit Innovation und Purpose offene Türen einrennen, mal abgesehen vom Achtsamkeitshype, dem wir uns HIER in dieser Form nicht annehmen. Da gehen wir anders ran. Aber sinnstiftendes, bewusstes Unternehmertum anhand der ursprünglichen Vision und Werte des/der Gründer. Das gilt es fortzuführen und an das gestiegene Bewusst-Sein in den Gesellschaften und der Welt anzupassen. Robin Hood Style? Ja und nein. Wie gesagt, ein Unternehmen soll gern Gewinn erwirtschaften, wenn die Mission sich erfolgreich entfaltet, also Nutzen generiert. Das Geld wird dann aber nicht den einigen wenigen zugutekommen, sondern der Sache. Und die Sache entfaltet dabei weiter und weiter ihren Nutzen. Es geht nur um das Produkt, nur um den Service, nur um den Beitrag und seinen Impact.

2. Bewusstes Business heißt bedingungsloses Geben. Bedingungsloses Geben heißt immer in Vorleistung treten. Glaubst du wirklich an deine Vision? Glaubst du wirklich an deine Mission? Dann gib erst und erwarte nichts dafür. Gar nichts. Gib alles und erwarte nichts. Aber nur, wenn du Wunder erwartest. Denn Wunder (alles kommt, was kommen soll, dann, wenn du dafür bereit bist) zeigen sich zwar jederzeit und überall, aber wir nehmen sie nicht wahr. Sagen wir HIER vereinfacht (bevor deine Augen sich wieder aus dem Kopf rausrollen): What goes around comes around. Glaubst du an Gesetze? Dann hier ein Naturgesetz: Du kriegst, was du gibst. Wir gehen da nicht zu tief, sonst verdrückst du dich vielleicht doch noch, kurz

bevor der Praxisteil losgeht, den du dir doch so herbeisehnst.

Wenn du das testen willst, dann geh in ein Ehrenamt. Hilf irgendwo da, wo deine Potenziale gefragt sind und gebraucht werden. Ein Ehrenamt ist eine sehr gute Übung für bedingungsloses Geben.

3. Lerne Hingabe. Das heißt Loslassen. Versuch nicht alles durchzuplanen. Versuche mal im Flow zu leben. Bewusst-Sein heißt, die Wahrnehmung so weit zu schärfen, dass dir im gegenwärtigen Moment nichts mehr entgeht. Du verpasst nicht die Türen und Menschen, die offen vor dir stehen. Nimm sie einfach wahr, verstehe den Wink mit dem Zaunpfahl. Und dann entscheide mit Herz und Bauch. Intuitiv. Wie ein Kind. Finde dein inneres Kind wieder und du wirst ein glücklicher und inspirierter Unternehmer sein.

Ob das in den Strukturen, in denen du dich aktuell befindest, möglich ist, das weißt nur du. Wenn du da rauswillst, wenn es dich zu etwas anderem zieht, etwas aus dir herauswill, dann sprich uns an. Komm in unsere Community. Oder geh erst mal den Weg weiter durch dieses Buch. Die Dinge ergeben sich schon, wenn du auf deinem eingeschlagenen Weg bleibst. Mit Hingabe.

4. Gerade in Deutschland haben wir auf geschäftlicher Ebene wenig Vertrauen. In uns. In unsere Mitarbeiter. Kunden. Geschäftspartner. Behörden. Verbände. Warum ist das so? Vertrauen ist gut, Kontrolle ist besser? Komm, was für ein unsinniges Sprichwort. Was denn nun? Vertrauen oder Kontrolle? Das eine schließt das andere aus. Pseudohaftes Vertrauen und Kontrolle führen meist dazu, dass das eigentliche Misstrauen bestätigt wird. Self-fulfilling prophecy.

Wenn du ein gutgläubiger Mensch bist, dann wird es dir noch leichter fallen zu vertrauen. Und mal ehrlich. Was bringt uns das ganze Misstrauen? Was hat es uns jemals gebracht? Hat das jemals zu etwas Gutem geführt? Mitarbeiter kontrollieren? Geschäftspartner kontrollieren? Was ist die Konsequenz von Kontrolle? Gegenseitiges Misstrauen ist immer die Folge. Vertraust du mir nicht, vertrau ich dir nicht. Lädst du mich ein, lade ich dich ein. OMG. Mitarbeiter oder Freelancer werden demotiviert. Klar, wenn man ihnen nicht zutraut, dass sie vernünftig und mit Power selbstständig eine Aufgabe erledigen. Wenn sie mehr noch verdächtigt werden, dass sie einen vielleicht aufs Kreuz legen könnten. Ja, was hat dieser Mitarbeiter/Freelancer für eine Motivation, für die Sache alles zu geben, was er hat?

Aber wir haben ja einen sehr effektiven Weg gefunden, Vertrauen präventiv zu erzwingen und Misstrauen sogar schriftlich zu besiegeln. Verträge. Vertrag kommt von Vertragen. Aber kein Vertragen, das auf Vertrauen basiert. Vertragt euch schön, ja? Wenn ihr die und die Regeln (Paragrafen) befolgt, dann wird das schon. Warum landen eigentlich dann doch so viele «Geschäftspartner» vor Gericht? Was hat der Vertrag denn dann gebracht? War das Gegenteil von Vertragen da nicht schon vorprogrammiert? Es gibt einige Beispiele zu berichten, wie Kooperationen auch heute noch ganz ohne Vertrag funktionieren. Rein auf Vertrauensbasis. So wie damals, als es noch die hanseatische Kaufmannsehre gab. Zwei der Werte dieser Ehrenvereinbarung:

- Fühlt sich an das gesprochene Wort gebunden. Sein Wort zählt.

- Handelt lösungsorientiert in Konfliktfällen. Es ist sein Ziel, eine Einigung zu erzielen.

Es gibt (beteiligte) Stimmen, die behaupten, dass, wenn man Menschen bedingungslos vertraut, sich das auszahlt. Dass dieses Vertrauen zurückkommt. Nicht immer übrigens. Man wird auch mal enttäuscht. Das bietet dann aber die wunderbare Möglichkeit, sofort zu wissen, wann es Zeit ist, sich von jemandem zu trennen. Ganz einfach. Doch je weiter einen der Weg führt, desto seltener passiert so etwas. Als sei man plötzlich ein Glückspilz. Die Menschen, die einem nun begegnen, sind zunehmend Menschen mit großem Vertrauen. Zufall? Ganz bestimmt nicht. Dennoch: Probiere es doch mal aus. Schon die kurzfristigen Effekte sind erhellend. Vor allem schon die Reaktion auf dein Vertrauen. Check. It. Out.

5. Sorge für Unabhängigkeit. Löse alle festen Fesseln, die dich und andere nur bremsen. Befreie dich dahingehend, wo es JETZT schon für dich möglich ist. Führst du ein Unternehmen, dann arbeite ausschließlich in freier Kooperation mit anderen Menschen. Versuche das mal. Man kann sich treffen, Potenziale vereinen für eine gemeinsame Synergie und sich dann vorübergehend oder dauerhaft trennen. Aber nicht trennen in Form von Vertragsbruch. Trennen in Form von wieder in den freien Zustand zurückzukehren, mit der Chance, zukünftig wieder anzudocken, wenn es sein soll.

Auch dabei bringen (Arbeits-)Verträge wieder nur Fesseln mit sich. Erwartungen. Abhängigkeit. Misstrauen.
Mach dich von all dem frei und du schaffst allein damit schon so viel Freiheit, Ruhe und Frieden in deinem Leben, wie du es dir JETZT gerade nicht vorstellen kannst. Aber du ahnst es sicher. Innere Wahrnehmung, alter Kumpel.

Wenn du noch in abhängigen Verhältnissen stehst, so oder so rum, dann einfach auch hier der Tipp: Informiere dich (Smart Business Concepts, D.Tect, Unsere Mastermind) und schaue dir die andere Seite mal an. Kann nicht schaden.

6. Last but not least eine Erfahrung, die sich dabei bewährt hat, bewusst genug zu werden, um bewusstes Unternehmertum auch leben zu können. Hat was mit Organisation zu tun. Aber im Grunde ist auch das eine uralte Weisheit. Frag nicht aus welchen Kulturkreisen, denn wie so oft haben es hier nicht nur die Schweizer erfunden.

Start the day, before the day starts. Steh dann auf, wenn alle noch schlafen. Begrüße den Tag und lass dich dann vom Tag begrüßen.

Allein das Gefühl ist es wert. Der Sinn des Ganzen ist natürlich nicht, dass du dann schon um 6 Uhr im Auto sitzt. Langfristig kommst du dahin, dass du dann zu 8 Uhr ready bist for Conscious Business.

Steh um 5 oder 5:30 Uhr auf. Mache Sport. Oder gehe spazieren. Im Idealfall machst du 30 Minuten etwas für deine Ausdauer. Dabei kannst du bereits am Bewusst-Sein arbeiten, dazu später mehr. Anschließend kannst du etwas für deine Muskeln tun. Hanteln, Liegestütz, Klimmzüge, Sit-Ups, Holzhacken, egal. Dein Körper ist und bleibt dein Vehikel, ganz egal, was du mit deinem Geist machst. Wenn du so weit bist, wirst du nach dem Duschen eine Viertelstunde Breathwork machen. Das wird dich ganz schnell weiter nach vorne bringen.

Und damit sind wir auch genau da, wo wir hinwollten. Teil 1 ist geschafft und absolviert. Das ist stark. Du bist noch da. Wer hätte das gedacht. Du? Ach komm. Aber unseren dicksten Respekt und Dank dafür. Jetzt geht es ja nur noch ums Eingemachte. Nicht labern, machen haben wir uns auf die Fahne geschrieben. Jetzt zeig, was du drauf hast, Tiger. *Roooaaarrr!*

//MINDFUL MEN

TEIL 2
Anwendung und Umsetzung

12. Der Weg zurück zur Gegenwart
– Die Reise zur inneren Mitte geht los

Jetzt geht´s ab! Wird aber auch Zeit. Theorie ist gut für die Erkenntnis. Aber irgendwann muss das Erkannte aus der Rübe auch in die Hände oder ins Herz wandern. Du hast zu Beginn des ersten Teils schon kurz die Grafiken und Symbole kennengelernt, die uns vor allem JETZT im zweiten Teil begleiten werden. Sie werden dir visuell Orientierung bieten und dich immer daran erinnern, wo du dich gerade aufhältst.

Du wirst gleich schon erkennen, dass der Mindful Men BIC-Process und die Mindfulness Pyramid keine steifen Gebilde oder feste Raster sind. Du kannst von da aus an Bord kommen, wo du JETZT gerade bist. Auf dem Weg durch deinen persönlichen BIC-Process kannst du jeden Tag für dich entscheiden, was du machst und wann. Subtil nehmen wir dich dabei an die Hand, wie ein unsichtbarer Begleiter. Wenn es für dich aber passender und zielführender ist, aus dem BIC-Process für dich einen festen Ablauf und Plan für einen bestimmten Zeitraum zu machen, dann haben wir hier einen konkreten Fahrplan für dich, der zum Antesten und Experimentieren gedacht und gemacht ist. Das wird dir im besten Fall eine gute Starthilfe bieten, aus der du dann eine praktikable Herangehensweise entwickeln kannst.

BIC-Process als 4-Wochen-Plan

Aber erwarte an dieser Stelle (noch) keinen ausgefeilten Online-Video-Kurs. Das Buch ist lebendig und entwickelt sich. Das kann und wird also alles folgen und du kannst durch den Kauf dieses Buches darauf zukünftig zurückgreifen.

Das 7-Minuten-Versprechen

Es ist absolut möglich, mit nur 7 Minuten täglich zu mehr Gelassenheit im stressigen Alltag zu finden! Folgende Herausforderungen sind dabei aber unbedingt miteinzubeziehen:

- Du investierst zunächst einmal Zeit für das Lesen dieses Buches.
- Du wirst auch etwas rumprobieren müssen, um die Einheiten zu finden, die zu dir passen.
- So einfach die Einheiten auch zu verstehen und umzusetzen sind, du wirst ein paar Anläufe brauchen, bis sie in Fleisch, Blut und Bewusst-Sein übergehen.
- Willst du wirklich exakt 7 Minuten am Tag investieren, dann musst du dir überlegen, welche Einheiten du wie kombinierst.

Und JETZT wollen wir uns noch einmal sammeln und uns das vergegenwärtigen. Was wie eine riesige Aufgabe aussieht, wird erst durch das 7-Minuten-Versprechen greifbar und ist am Ende genau der richtige Weg, um ins Handeln zu kommen.

Alles, was daraus entstehen wird, kann hier noch nicht geschrieben stehen. Wir können unsere Erfahrungen dazu teilen und uns damit gegenseitig helfen, ein individuell praktikables Setup zu finden, das nachhaltig funktioniert und den gewünschten Impact erzeugt.

Wir haben in dieser Buchversion zu jeder einzelnen Einheit die jeweilige Dauer hinzugefügt. Das macht es euch leichter, täglich oder für eine Woche eure Einheiten zu planen.

Im nächsten Schritt werden wir einen Onlinekurs erarbeiten, der schon JETZT auch aus eurem Feedback aus der Arbeit mit dem Buch entsteht. Diesen Kurs werdet ihr online am selben Ort finden, an dem jetzt auch der zusätzliche digitale Content hinterlegt ist. Achtet also einfach auf den Content, wir informieren darüber auch in unserem Newsletter.

Contract of Conduct – Der Vertrag mit deinem Selbst

Der einzige Vertrag, den man im Leben schließen sollte, ist der Vertrag mit sich selbst. Dabei geht es nicht darum, Streitigkeiten und Gerichtsverfahren vorzubeugen. Denn das musst du ganz mit dir ausmachen. Niemand wird dich anklagen. Niemand wird Einspruch erheben. Niemand wird dich verurteilen. Außer vielleicht du selbst.

Du stehst völlig allein in deinem eigenen Gerichtssaal. Du bist Ankläger, Angeklagter, Verteidiger, Zeuge, Richter und Geschworener in einer Instanz. Du brauchst keine Angst zu haben. Es bleibt alles in deinem Gerichtssaal. Das Tolle ist, der Eid, den du auf die Wahrheit leistest, ist ein wahrhaftiger Eid. Denn wenn du diesen brichst, weiß es jeder im Saal unmittelbar. Frage dich also am Ende deines Vertrages mit dir selbst, ob du diesen Eid wirklich leisten willst und kannst. Denn wenn du es tust, wirst du als bewusster Mann immer zu deinem Wort stehen. Vor allem dir selbst gegenüber.

Wenn du diesen Eid leisten kannst, dann kann dir auf deinem Weg nichts geschehen. Dann hast du deinen Weg bereits geebnet. Frage dich einfach, was du tust, wenn deine Kinder dich mit großen Augen ansehen und dich eindringlich fragen: «Versprochen?»

Wenn du meinst, das kann dir zusätzlich helfen, dir dein bewusstes Leben besser vorzustellen und schwarz auf weiß zu sehen, dann nutze den CoC. Wenn du meinst, er schränkt dich ein, du brauchst das nicht oder kommst auch so gut klar, weil dein Commitment dir gegenüber bereits sehr stark ist, dann lies ihn einmal durch und gehe dann einfach weiter. Aber höre vorher in dich rein. Hör auf die Stimme.
Wenn dir die Klauseln des Vertrages irgendwie unpassend vorkommen, oder sie dich gefühlt einengen, dann kannst du den Vertrag auch unter dem QR-Code unten als Word Dokument runterladen und für dich anpassen. Wir haben die Punkte so gewählt, dass sie dir definitiv einen Nutzen bringen, wenn du es durchziehst. Aber es ist und bleibt dein Ding.

Solltest du dich für den Vertrag mit dir entscheiden, weil du spürst, dass das richtig ist, dann suche anschließend nicht nach Ausreden. Du wirst immer welche finden. Dein Ego-Verstand ist der Mister Universe im Erfinden von Ausreden. Dabei wird es sich dann entscheiden. Du kannst dich vor deinem Verstand immer authentisch mit deinem unterschriebenen Contract of Conduct rechtfertigen. Der Verstand war schließlich anwesend bei der Unterschrift. Ja, er war sogar dein Zeuge. Daher ist es eher wahrscheinlich, dass dein Ego-Verstand dich schon vor der Unterschrift warnt, nachvollziehbare Einwände formuliert, im Wissen, dass es mit so einer Vereinbarung brenzlich wird in Zukunft. Die Komfortzone ist in Gefahr. All die schönen Gewohnheiten und Muster wurden jahrzehntelang bedient und zelebriert. Und das steht vor dem Aus. Nicht zum Nachteil für dich, aber für deinen Ego-Verstand ist das der Anfang vom Ende. Und das weiß er. Triff deine Entscheidung daher weise. Vielleicht liest du erst den zweiten Teil und gehst dann noch mal zum Vertrag zurück.

Wenn du dich bereit dazu fühlst, dann lade ihn dir herunter, unterschreibe ihn und platziere ihn dort, wo du ihn siehst.

Mindful Men Contract of Conduct

Contract of Conduct with Yourself

Name: _____

Ort: _____

Datum: _____

Vertragsgegenstand: Verbindliche Vereinbarung mit dem eigenen Selbst

Präambel: Hiermit erkläre Ich,_____, feierlich, dass ich HIER und JETZT einen Vertrag mit mir selbst eingehe. Dieser Vertrag beinhaltet meine Absichten über mein Verhalten, mein Denken und meine Entscheidungen ab HEUTE und auf unbestimmte Zeit.
Es ist mein persönliches Manifest für mein weiteres Leben.

1. Ich beabsichtige ab SOFORT und nachhaltig eine Steigerung meines Bewusstseins im gegenwärtigen Augenblick.

2. Ich gehe ab HEUTE mindestens dreimal in der Woche in den Wald, in die Natur oder in den Park. Der zeitliche Aufenthalt bleibt frei.

3. Ich investiere in mich ab HEUTE oder einem festen Zeitpunkt, den ich auf den 29.09.2022 datiere, mindestens sieben Minuten pro Tag, jeden Tag ohne Ausnahme, in Anwendungen der Mindful Minute (Mindfulness Pyramid 2. Ebene).

4. Ich wähle dabei entweder frei mindestens drei Einheiten pro Tag aus den vier Bereichen der Mindful Minute (2. Ebene Mindfulness Pyramid), oder ich wähle den 4-wöchigen BIC-Process (siehe Buchteil 2). Optional dazu lasse ich mich durch diesen Prozess aktiv begleiten.

5. Ich notiere mir ab HEUTE jeden Tag eine Person oder Sache (Situation/Projekt/Event), dem oder bei der ich etwas bedingungslos geben oder Hilfe anbieten kann. Dabei ist es gleichgültig, ob die Personen bekannt oder fremd sind, die Situation geplant ist oder spontan. Es darf sich also auch etwas intuitiv ergeben.

6. Ich stehe ab sofort zu meinem Wort, IMMER. Ich halte mein Wort. Ich tue, was ich sage. Egal was passiert.

7. Ich gebe ab HEUTE jeden Tag jemandem, der mir nahesteht, mindestens 15 Minuten bedingungslose Aufmerksamkeit. Das kann ein Telefonat, eine E-Mail, etwas Schöpferisches oder aktiv eine Vorstellung an jemanden sein. Es gelten 15 Minuten am Stück.

Ich werfe alle Vorbehalte JETZT über Bord. Sie kommen als Widerstand vom Ego.
Ich habe Vertrauen. Ich übe Hingabe. Ich bin demütig. Ich bin mutig. Ich bin.

Ort_____, Datum_____ Unterschrift_____

Good 4 You

Bevor wir mit der Einführung in den BIC (Back to inner Center)-Process starten, sollst du dich selbst ein wenig sensibilisieren. Formuliere bitte einmal stichpunktartig, was dir im Leben guttut. Wobei kannst du abschalten? Wo kannst du runterfahren? Am Grill? Beim Angeln? Segeln? Joggen? Lesen? Bei Gesprächen? Musik? Spielen?

Zielführend wäre es, wenn du «Runterfahren» nicht mit «Unterhalten» oder «Ablenken» verwechselst. Der Stadionbesuch würde da ebenso dazu zählen wie die Netflix-Serie und das Fallschirmspringen. Die Dinge sind in Ordnung, wenn sie dir Spaß machen oder den Kick bringen. Sie führen dich aber nicht wirklich zu dir und ins Bewusst-Sein. Nicht nachhaltig. Auch hier, locker bleiben. Es gilt die Mitte. Die Einheit. Nicht das eine oder das andere. Beides geht im Einklang miteinander. Also noch mal. Wo fährst du wirklich runter und bist möglichst nah und bewusst bei dir? Überlege eine Weile. Wo spürst du dich und deine Umgebung intensiver? Wo achtest du auf Gerüche, Umgebung? Wo hörst du genau hin? Wo empfindest du wahre Freude? Wo kannst du loslassen? Wo bist du ganz du selbst?

_____

_____

_____

_____

_____

Macht Sinn

Mindful Men steht für den Zugang zum Bewusst-Sein im JETZT über die Sinne. Macht ja auch Sinn. Unsere Sinne sind die Verbindungsleitungen zu unserer Wahrnehmung. Mann kann etwas sehen mit meinem Sehnerv. Ich kann die gleiche Sache aber sowohl unbewusst als auch bewusst sehen, also wahrnehmen. Je bewusster ich bin, desto intensiver kann ich die Dinge wahrnehmen. In der Natur beispielsweise können in einem bewussten

Augenblick die Farben viel intensiver wahrgenommen werden. Die Gerüche bei einem Essen duften stärker, wenn ich das Essen bewusst genieße und nicht parallel den nächsten Tag im Kopf plane.

Wir können also unsere Sinne schärfen, unsere Wahrnehmungsantennen neu justieren, indem wir dies trainieren. Genau wie einen Muskel. Genau wie eine Präsentation vor Menschen. Wir haben schon vieles trainiert, um erfolgreich zu sein, stimmt's? Dann trainieren wir ab JETZT mal etwas, dass persönlichen Erfolg neu definieren wird. Die Ausstrahlkraft von Bewusst-Sein magst du dir JETZT schwer vorstellen. Aber Ausstrahlung kommt nicht von ungefähr. Ausstrahlung kommt von Selbstbewusst-Sein. Genau. Von Selbst-Bewusst-Sein. Macht Sinn? Dann lass uns jetzt mal loslegen.

TEIL 2 | Anwendung und Umsetzung

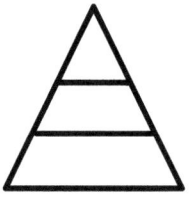

13. Der Mindful Men BIC-Process
– Die 8samkeits-Pyramide

Herzlich willkommen Männers. Neue Gesichter, wohin man schaut. Das ist stark. Das ist eine Reise, Männers. Und wenn wir uns jetzt mal an unsere männlichen Gaben erinnern, dann wird uns nicht bange sein vor diesem Weg. Im Gegenteil. Es zieht uns da hin, wo die vermeintliche Gefahr lauert. Und die Gefahr macht Angst. Doch wir wissen, gehe immer dahin, wo die Angst ist. Denn die Angst ist nur ein Vorhang. Hinter der Angst wartet Freiheit und Wachstum auf uns.

Erinnert euch immer wieder: Mut, Hingabe, Vertrauen, Demut, Dank, Vergebung. Das sind die Tugenden, die deinen Weg begleiten. Deine Stützpfeiler. Deine AGBs. Dein Code.

Der BIC-Process führt zurück zur inneren Mitte. Zur Einheit mit dir selbst. Und damit zu mehr Bewusst-Sein. Zu mehr Selbst-Bewusst-Sein. Damit zu mehr Selbstwert. Und damit zu mehr Stärke und Ausstrahlung. Der Prozess holt uns da ab, wo wir sind, und nimmt uns an die Hand, ohne uns das Gehen neu beizubringen. Gehen müssen wir selber. Er ebnet uns auch nicht den Weg. Er schult uns dabei wahrzunehmen, wie wir unseren Weg erkennen und gestalten.

Du kannst den Prozess als etwas zeitlich Unbegrenztes verstehen. Etwas, das neu in dein Leben kommt, weil du ihm endlich den Raum gibst. Im besten Fall implementierst du dauerhaft all das aus dem Prozess, was dir dabei hilft, mehr ins Bewusst-Sein zu kommen mit allen positiven Folgen. Du kannst jederzeit von jeder Seite in den Prozess einsteigen. Der Prozess basiert auf einer Veranschaulichung der Inhalte des Prozesses in einer ganzheitlichen Grafik. Die Mindful Men Mindfulness Pyramid, also die Achtsamkeits- oder Bewusst-Seins-Pyramide. Der BIC-Process ist damit ein Portfolio an Tools und Werkzeugen aus unterschiedlichen Bereichen ‚und die Pyramide ist so etwas wie der Werkzeugkasten, in den alle Tools an der richtigen Stelle einsortiert sind. Damit weißt du recht schnell, in welches Fach du HEUTE greifen willst und welches Werkzeug du dort vorfindest. Du hast zum Werkzeugkasten eine visuelle Gesamtanleitung, damit du verstehst, welche Fächer es gibt und welchen Nutzen diese bieten. Die Fächer und auch die Werkzeuge selbst haben alle zu ihrem Namen ein grafisches Symbol, das ebenfalls die Wiedererkennung und Orientierung erleichtert. Schließlich gibt es noch zu jedem Tool, zu jedem Werkzeug eine kompakte Beschreibung zur Anwendung. Diese Anwendungen werden im Folgenden als «Einheiten» bezeichnet. Es geht schließlich um die innere Einheit. Zusätzlich zu Symbolik und Beschreibung gibt es zu der überwiegenden Anzahl Einheiten die Möglichkeit, dazu weitergehenden digitalen Content (Fotos, Videos, Work Sheets u.v.m.) abzurufen.

Im Folgenden werden wir zunächst die Mindfulness Pyramid, also den Werkzeugkasten und seinen Aufbau besser kennenlernen. Danach gehen wir gemeinsam durch die einzelnen Fächer der Pyramide und lernen nach und nach die einzelnen Tools und Werkzeuge kennen.

Du kannst es angehen, wie du willst. Du kannst erst alles lesen und durcharbeiten und erst danach mit dem Prozess starten. Genauso kannst du schon während des Lesens erste Einheiten antesten. Da eine große Anzahl an Einheiten so kurz und kompakt sind, lassen sie sich auf jeden Fall in deinen Alltag einbauen. Und das ist vielleicht das Wichtigste, das wir HIER für uns alle leisten können. Wir können es einbauen. Wir müssen nicht alles auf den Kopf stellen. Und das erhöht deutlich die Chance, dass wir es auch nachhaltig umsetzen und dranbleiben, bis es zur Gewohnheit wird. Dann hat dieses Programm alles geleistet, was es leisten soll.

The Mindfulness Pyramid (Die 8samkeitspyramide)

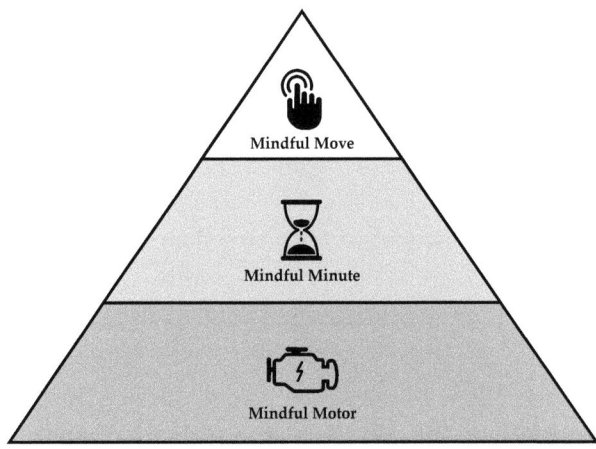

Pyramide Vorderansicht

Wie du siehst, ist die Mindfulness Pyramid eine Pyramide mit drei Ebenen. Diese scheinen getrennt zu sein, doch die Pyramide ist ein ganzheitliches Gebilde.

Wir haben die Pyramide als Schaubild nicht aus historischen, spirituellen oder astronomischen Gründen gewählt. Es hat sich durch Intuition mitten im Flow ergeben.

In der nächsten Grafik wirst du das sehen können.

Das Bild von oben gibt nochmal einen ganzheitlicheren Eindruck:

Topebene: Mindful Move = Trigger (Bewusst-Sein)
Mittlere Ebene: Mindful Minute = Einheiten/Anwendungen (Bewusstseinssteigerung)
Basisebene: Mindful Motor = Grundlagen (Körper/Geist/Seele)

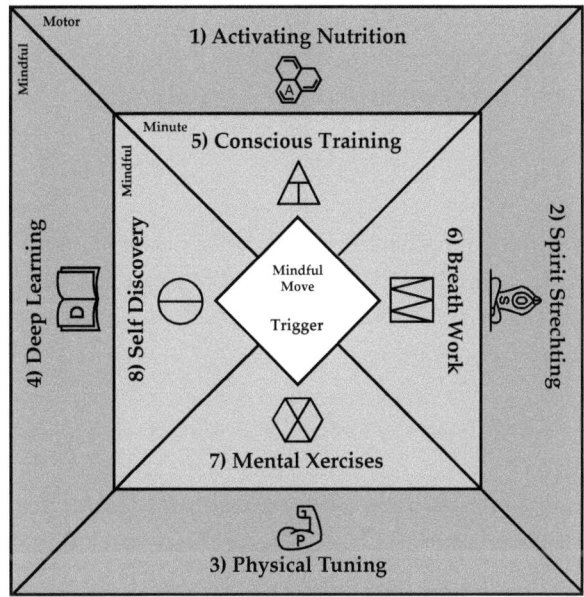

Pyramide Aufsicht

Einführung

In der Ansicht von oben auf die Pyramide kannst du erahnen, dass sich die Grafik erst zu einer Pyramide entwickelt hat. Zunächst ging es darum, die drei Bereiche Trigger, Einheit und Basis in eine globale Ansicht zu bringen.

Der Trigger bildet dabei den Ausgangspunkt für die übrigen Bereiche. Daher muss er zentral in der Mitte der Grafik sitzen. Wieder führt auch visuell ursächlich die Mitte in der Konsequenz zur Einheit. Wir bezeichnen jegliche Trigger als Mindful Moves.

Die sich anschließende, mittlere Ebene ist die Anwendungsebene. Diese Ebene steht für die Bewusst-Seins-Ebene. Auf dieser Ebene wird das Bewusst-Sein im JETZT gesteigert. Dazu gibt es vier Bereiche, in denen Einheiten absolviert werden können. Die Bewusst-Seins-Ebene bezeichnen wir als Mindful Minute.

Die Basisebene der Pyramide steht für die Grundlagen. Körper, Geist und Seele sollten tunlichst in die Lage versetzt werden, Bewusst-Seins-Steigerung auch zuzulassen. Dein Körper ist dein Haus. Dein Geist ist deine Satellitenschüssel. Fundament löchrig, Empfang nicht justiert. Ja, was willst du dann in der mittleren Ebene erwarten? Aber ganz locker. Alles kein Hexenwerk. Wir müssen nicht gleich vegan leben oder ständig einen Marathon laufen. Easy. Wir bezeichnen diese Ebene als Mindful Motor.

Sieht auf einen Blick vielleicht beeindruckend und irritierend zugleich aus. Auch da wieder: keine Panik. Du bist nicht allein. Kann Mann sich Schritt für Schritt erschließen. Aber du mit deinem Forscherdrang bist bestimmt schon voll dabei, right? Gut!

Entscheidend für dich ist: Du kannst jederzeit von überall her in die Pyramide eintreten. Du musst nicht die Basisebene absolviert haben plus Abschlussprüfung, um dann in die zweite Ebene zur Mindful Minute zu gelangen. Natürlich ist es von Vorteil und empfehlenswert, eine gute geistige und körperliche Grundlage zu haben, auf der du bei der Bewusst-Seins-Steigerung aufbauen kannst. Es wird dir viel leichter fallen, dein Selbst-Bewusst-Sein zu steigern. Aber es ist keine Grundvoraussetzung. Warum? Erstens ist es ja durchaus möglich, dass du in der Basisebene bereits eine Grundlage geschaffen hast. Vielleicht trainierst du regelmäßig, gehst joggen, ins Gym. Und/oder du ernährst dich bereits gut und zielführend.

Und selbst wenn du das bisher nicht getan hast, dann kann das genau daran liegen, dass du bislang nicht das Bewusst-Sein dafür hattest. Dass du dich da komplett übergangen hast. Um Unternehmensziele zu erreichen und zu toppen, um es jemandem recht zu machen, um Ansprüchen zu genügen. Das heißt, es kann je nach individueller Situation und Ausgangslage Sinn machen, in der zweiten Ebene, der Bewusst-Seins-Ebene anzusetzen. Die Mindful Minute ist der kleine (Zeit-)Raum, in dem wir das Selbst-Bewusst-Sein steigern können. Und was denkst du passiert, wenn uns das gelingt?

Du wirst dich dann sehr schnell parallel nach unten in die Basisebene bewegen und aus innerem Antrieb Gewohnheiten bei Ernährung und geistiger Entwicklung ändern wollen. Das geht Hand in Hand.

Genau deswegen darfst du ganz relaxed sein. Wir brechen HIER nichts übers Knie. Bewusst haben wir uns für dieses Buch daher entschieden, uns erst mal auf die zweite Ebene, die Bewusst-Seins-Ebene, zu konzentrieren. Ein steigendes Bewusst-Sein ist wichtig, um zu erkennen, warum Mann es tut. Und da wir HIER das Bewusst-Sein behandeln, beginnen wir im BIC-Process auch erst mal damit.

Die Basisebene, den Mindful Motor, werden wir in diesem Buch zunächst an der Oberfläche anschneiden. Wir haben uns bewusst dazu entschieden, im ersten Schritt der zweiten Ebene (Mindful Minute) den Fokus zu geben und im Weiteren (Digitaler Content /zweites Buch) dann expliziter auf die Basisebene einzugehen.

Anmerkung: In diesem Anwendungsteil des Buches wird es Wiederholungen von Absätzen geben. Das ist bewusst so gewählt und dient vor allem zu Anfang dem besseren Verständnis des Konzeptes und der Materie sowie der Festigung der Praxis. Nach dem ersten Lesen wirst du bewusst Bereiche ansteuern und z. B. die Einleitung höchstens ein zweites Mal lesen. Dann werden Wiederholungen beim Lesen weniger. Aber nicht umsonst lebt die Gewohnheit von Wiederholungen. Und das sollte auch ab und zu für das Lesen gelten. Oft kommen elementare Einsichten und Erkenntnisse erst nach mehrfachem Lesen. Es ist nur das Ego-Konstrukt, das schnell gelangweilt ist von Wiederholungen und sich fragt: Hey, das hatten wir doch schon. Glaubst du, ich bin doof, dass ich mir das nicht merken kann? Gib mir Neues. Spannendes. Ich will einen Schatz finden. Ja, so ist es, das Ego-Konstrukt.

The Mindful Move
(Der Achtsamkeitstrigger)

Wir haben im ersten Teil des Buches gelernt, dass der Trigger entscheidend wichtig ist. Er ist dein Finger auf der Schulter in einem Alltagsumfeld, das es dir naturgemäß schwer macht, etwas achtsamer mit dir zu sein.

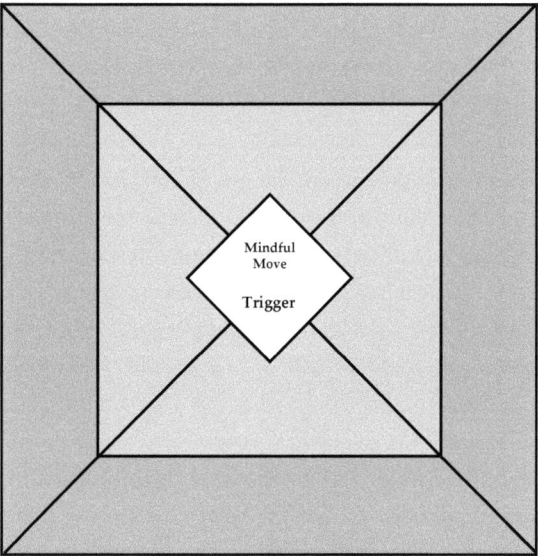

Pyramide Aufsicht

Er sitzt an der Spitze der Pyramide und strahlt als Blitzableiter nach unten in die anderen Bereiche ab. Das heißt, jede Aktion, jede Anwendung, alles, was du in den unteren beiden Ebenen machst, geht in der Regel von einem Trigger aus. Zumindest so lange, bis du es vollständig in dein Leben integriert hast. Dann kommt der Trigger aus dem Unterbewusst-Sein. Ist verankert. Das ist das Ziel. Bis dahin helfen wir dir mit externen Triggern, die du nicht übersehen, überhören oder über sonst was kannst.

Das Finger-Symbol oben wird dich ab JETZT immer darauf hinweisen, wenn es um einen Trigger geht. Also halt die Augen auf.

The Mindful Motor
(Der Achtsamkeitsmotor)

Die Basisebene der Pyramide. Vier Bereiche für eine aktivierende Grundlage für Körper und Geist. Dein Kraftstoff. Dein Motor. Wenn das Ding läuft, kannst du in den nächsten Gang schalten, in die Mindful Minute. Du brauchst regenerativen Kraftstoff. Alles, was du auf atomarer und molekularphysiologischer Ebene tun kannst, um das Fahrwerk up to date zu halten entsprechend seines Alters. Das sind in der Pyramide die Bereiche 1 bis 4.

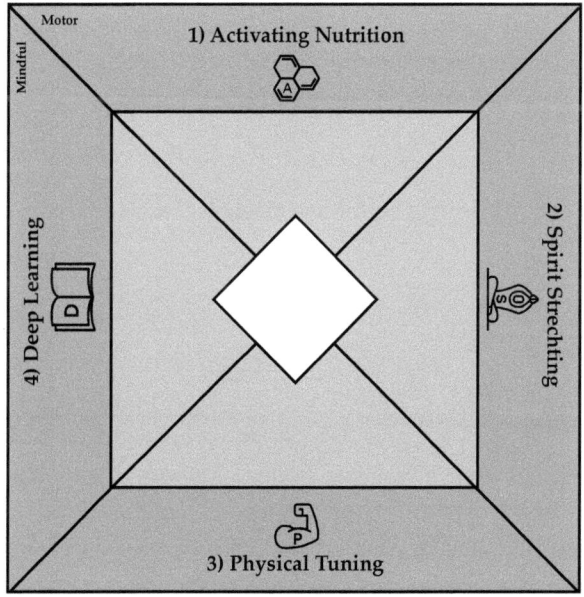

Pyramide Aufsicht

Leben ist Energie. Energie ist Leben. Also gib dir Energie. Das kannst du auf verschiedene Art bewerkstelligen.

Dieser Bereich wird in diesem Buch wie schon angedeutet nicht in der Tiefe behandelt. Wir konzentrieren uns zunächst darauf, das zu tun, warum wir HIER sind: das Selbst-Bewusst-Sein mitten im stressigen Alltag mit einfachen Einheiten aus der Mindful Minute zweite Ebene) zu steigern.

Die Basisebene (Mindful Motor) unterteilt sich in vier Bereiche, die mit den Ziffern 1 bis 4 gekennzeichnet sind.

1. Activating Nutrition (Aktivierende Ernährung)

Führe deinem Körper auf einfache Art und Weise das zu, was er braucht, um optimal zu performen. Dafür musst du nicht von HEUTE auf morgen alles umstellen. Du musst nicht direkt komplett plant based leben. Aber probier doch mal was aus. Auf einfache, effektive Weise. Ohne auf Genuss zu verzichten. Aber hast du schon mal durch Zugabe verschiedener Pflanzenstoffe körperlich und geistig gefühlt ein Update erfahren? Dann mal guten Appetit.

2. Spirit Stretching (Den Geist strecken)

Egal, ob nach einem Lauf oder jeder anderen Sporteinheit. Sich nur fünf Minuten am Tag zu dehnen hat erstaunliche Effekte. Denn wenn du es richtig machst, dehnst du nicht nur deinen Körper, sondern auch deinen Geist. Dieser Bereich ist sehr einfach zu erlernen. Dafür können die Einheiten in diesem Bereich früh mit Einheiten aus den Mental Xercises (zweite Ebene/Bewusst-Seins-Ebene) kombiniert werden, um einen größeren Nutzen zu entfalten. Anders als direkt beim Sport, bietet Stretching dafür eine gute Gelegenheit.

3. Physical Tuning (Den Körper stählen)

Wir brauchen uns diesen Bereich nicht groß erklären. Es ist nicht wirklich entscheidend, wie wir uns körperlich ertüchtigen. Auch ausgiebiger Sex kommt nicht nur unserer bewussten Beziehung zugute. Er bringt uns auch Ausdauer und Muskelwachstum. Wichtig ist einfach nur eines. Wenn du aufhörst dich zu bewegen, verkürzt du dein Leben. Bewegung ist wirklich das A und O. Auch wenn es mit den Jahren schwerer fällt und unser Alltag dem evtl. entgegensteht, musst du hier eine Entscheidung treffen. Hast du ein schönes Auto, z.B. einen Oldtimer in der Garage, dann bewegst du den auch regelmäßig mal. Weil er sonst irgendwann fahruntauglich ist. Batterie leer, Zündkerzen verrostet, Reifenschaden, Anlasser, Motor.... Nicht von zu viel Bewegung, sondern von zu wenig kommen die wahren Probleme.

Die Frage ist nur, was ist die Bewegungsform, die zu dir passt oder schon immer passte? Und welche Form passt JETZT in dein Leben und kann nahezu täglich umgesetzt werden?

4. Deep Learning (Vertiefendes Wissen)

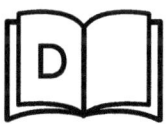

Auch das Lernen gehört in die Basisebene des Mindful Motors. Auch Lesestoff ist Kraftstoff. Auch Dokus oder Filme können Hirnfutter sein. Wir bereiten uns mit dem täglichen Lernen auf Bewusst-Seins-Erweiterung vor. Wir brauchen dazu erst das Mindset. Dann beginnen wir damit, die hindernden Glaubenssätze zu hinterfragen. Wir erlangen Einsicht und Erkenntnis, wenn wir nach Antworten auf unsere inneren Fragen suchen. Mit dem richtigen Wissen können wir auch die Basis der anderen drei Bereiche in dieser Ebene steigern. Mit dem richtigen Wissen zu guter Ernährung werde ich mit größerer, mit eigener Überzeugung den Bereich Activating Nutrition mit Leben füllen.

Insgesamt geht es in dieser Ebene darum, einen eigenen Weg zu finden, diese Bereiche nachhaltig im Leben zu installieren. GEHEN WIR DAVON AUS, dass dazu ein Update im Selbst-Bewusst-Sein eine unterstützende Grundlage ist. Daher konzentrieren wir uns HIER und JETZT auf die Mindful Minute und helfen dir im ersten Schritt, da Fortschritte zu erzielen. Zum richtigen Zeitpunkt wirst du dann die innere Überzeugung, den Glauben und die Stärke haben, dich der Basisebene zu widmen. Das wird dann für dich auch mehr Freude als Mühe bedeuten.

Möglicherweise bist du auch schon weiter, und die Basisebene mit seinen vier Bereichen ist keine Herausforderung mehr für dich. Du ernährst dich gut, du treibst Sport, du dehnst Körper und Geist und du führst dir regelmäßig inspirierendes Wissen zu. Dann sind wir an derselben Stelle unter anderen Voraussetzungen. Du kannst dir sicher noch zusätzliche Inspiration holen in dieser Ebene, aber du brauchst das Update für dein Selbst-Bewusst-Sein nicht, um damit in der Basisebene Fuß zu fassen.

Du bist in der Basis schon gut aufgestellt. Dein Mindful Motor läuft und ist in Schuss. Aber du hast als Powermann dieselben Herausforderungen im Alltag. Unbewusst-Sein mit seinen Folgen aufgrund von fehlender Reflexion, Stress, mangelndem Raum für Ruhe und Einkehr.

Dann kannst du genauso wie wir anderen am gleichen Punkt ansetzen. In der Mindful Minute.

The Mindful Minute
(Die achtsame Minute)

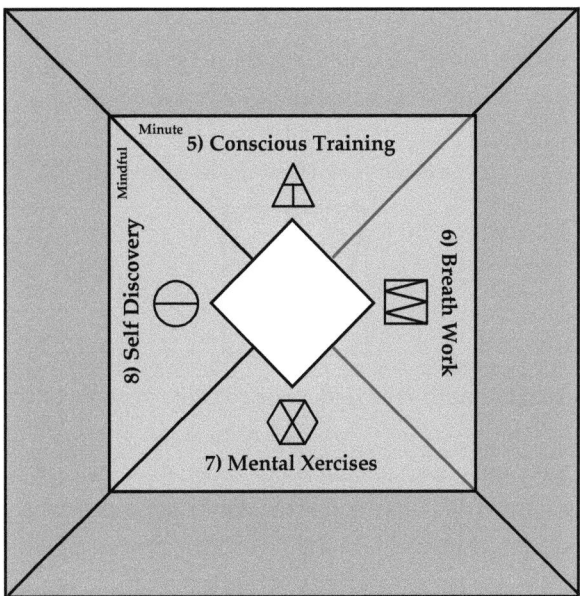

Pyramide Aufsicht

Herzlich willkommen zur Mindful Minute. Für den BIC-Process ist dieser Bereich in diesem Buch die Kerndisziplin. Die Mindful Minute ist die räumliche Ebene, in der bewusstseinssteigernde Einheiten in vier Bereichen erlernt und absolviert werden. Wie in der Basisebene geht auch hier alles von einem Trigger aus, zumindest bis die Arbeit mit den Einheiten zu festen Gewohnheiten gewachsen sind. Alle Einheiten sind in den Alltag integrierbar. Die Ebene setzt sich aus vier Bereichen zusammen, die mit den Ziffern 5 bis 8 gekennzeichnet sind. Die Bereiche 1 bis 4 sind in der Basisebene (Mindful Motor) angesiedelt.

5. Conscious Training (Achtsamkeitstraining)

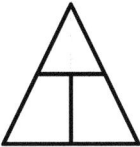

Conscious Training sind selbst-bewusste Einheiten aller Art, also im Grunde alles, was du ganz bewusst tust. Das kann alles sein. Teekochen, Hintern abputzen. Alles, was du am Tag tust. Dazu gibt es aber auch verschiedene kreative Einheiten zur Bewusst-Seins-Steigerung. Dieser Bereich nimmt im zweiten Teil dieses Buches mit den größten Raum ein. Warum? Weil es am einfachsten in den Alltag integrierbar und somit für dich umsetzbar ist. Außerdem hast du hier sehr schnelle Effekte und Erfolge.

6. Breathwork (Bewusste Atmung)

Breathwork heißt, deine Aufmerksamkeit mit Absicht aktiv auf die Atmung zu fokussieren. Wie oft am Tag atmest du bewusst? Und bewusst heißt auch tiefer ein- und auszuatmen, nicht so kurz und flach wie den Rest des Tages. Bewusst zu atmen führt dauerhaft automatisch zu steigendem Bewusst-Sein, mit allen in Teil 1 beschriebenen positiven Effekten. Dir ist sicher die Atmung bei Darth Vader aufgefallen. Und warum? Weil er hörbar ein- und ausatmet. Das kannst du auch. Möge die Macht mit dir sein. Immer!

Breathwork-Einheiten müssen wie bei klassischer Meditation nicht zweimal am Tag je 15 Minuten dauern oder einmal 30 Minuten oder gar noch länger. Die folgenden Einheiten dauern im Schnitt ein bis zwei Minuten und so kannst du sie ganz einfach mitten in deinen Alltag integrieren. Es gibt so viele kurze Lücken über den Tag, die du dir zunutze machen kannst. Beispiele gefällig?

7. Mental Xercises (Übungen im Geist)

Wer seine Gedanken kontrolliert, kontrolliert seine Gefühle. Mental Xercises sind Einheiten, um proaktiv im Verstand zu arbeiten und mit positiven Affirmationen ein Upgrade im Unterbewusst-Sein zu erreichen. Mit Affirmationen können Programmierungen, also Glaubenssätze überschrieben werden. Mental Xercises sind sowohl Geistesübungen als auch Affirmationen, also positiv formulierte Zustände, die wir uns in einer Einheit selber im Geist «vorlesen». Wir werden dir eine größere Anzahl Affirmationen mitgeben, damit du genug Optionen hast, um ganz individuell für deinen Typ auszuwählen. Du kannst sie sehr gut mit Breathwork und Conscious Training kombinieren, indem du sie direkt daran anschließt. Die Breathwork steigert dein Bewusst-Sein im gegenwärtigen Augenblick, die Mental Xercises nutzen das erhöhte Bewusst-Sein, um geistige Ziele zu formulieren. Diese festigen sich in dieser Kombination besser und haben damit einen nachhaltigeren Impact.

8. Self Discovery (Selbstfindung)

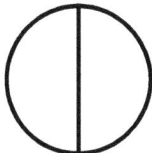

Selbstfindung. Was für ein ausgelutschter Begriff. Manchmal muss man die Dinge umbenennen oder übersetzen, damit sie wieder etwas zugänglicher werden. Wir müssen HIER ja nichts aufwärmen, was längst kalt ist. Und das ist es nicht. Ehrlich? Wir suchen alle schon immer danach, wer wir sind. Ist doch auch klar. Wir wollen unseren Platz in all dem verstehen. Oder meinst du wirklich, dass all das da draußen nichts auf den Hacken hat? Wollen wir sagen, dass wir hier auf der Erde in einer Glocke leben und es wirklich darum geht, mit 67 möglichst viel Geld auf dem Konto zu haben? Im Ernst? Hey, tritt mal einen Schritt zurück. Nutze deinen Verstand, mit dem du zweifelsohne gesegnet bist. Da sind wir wieder bei Wahrscheinlichkeit und innerer Wahrnehmung. Was sagt die Stimme?

Wie auch immer. Wer sich selber auf die Spur kommt, findet auch besser seinen Weg und kann damit auch besser für sich und andere Gutes tun. Und es kann sehr erfüllend und befriedigend sein, wenn du weißt, wer du bist, wofür du stehst und was du willst. Denn daraus leitet sich alles andere für deinen Weg ab.

Daher bildet dieser Bereich den letzten Bereich beider Ebenen der Conscious Pyramid. Hast du dein Bewusst-Sein gesteigert und stabilisiert, dann wird dieser Bereich an Bedeutung gewinnen.

In a nutshell

Hier noch mal zusammenfassend Bullet Points, um den Prozess der Bewusst-Seins-Steigerung kompakt und besser zu verstehen:

- Übungen/Anwendungen in den beiden Ebenen Mindful Motor und Mindful Minute werden als **BIC-Einheiten** bezeichnet.
- Einheiten führen zu einer steten Steigerung des Selbstbewusst-Seins und dauerhaft zur **inneren Einheit**, also zur inneren Mitte (Gleichgewicht).
- BIC-Einheiten sind durchweg **alltagskompatibel**. Das heißt, es ergeben sich über den Tag immer mehrere Möglichkeiten, die BIC-Einheiten in den Tagesablauf zu integrieren! Integration bedeutet, dass die Einheiten den Tagesablauf nicht stören, sondern in den Ablauf eingebaut werden können.
- BIC-Einheiten aus verschiedenen Bereichen einer Ebene, aber auch aus zwei Ebenen können oft **miteinander kombiniert** werden und entfalten damit einen höheren Nutzen.
- Du kannst **von jedem Ausgangspunkt** aus den Prozess starten. Je nachdem, wo du JETZT bist, wirst du den für dich richtigen Zugang finden.

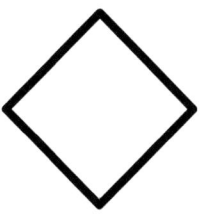

14. Mindful Move
– Du schaffst dir Trigger

Der Mindful Move ist dein Trigger. Dein Blitz. Unser Finger auf deiner Schulter, damit du kurz ins JETZT kommst, wenn du mal wieder mit den Gedanken ganz woanders oder von Unterbewusst-Sein per Autopilot fremdgesteuert durch die Gegend läufst. Gesteuert von Prägungen und Glaubenssätzen.

Mindful Moves sind der Ausgangspunkt jeder Einheit. Ohne Trigger keine Initialisierung im unbewussten Alltagszustand. Trigger können vielfältig gefunden und genutzt werden.

Hier ein paar Ideen für Mindful Moves, die du finden und im Alltag nutzen kannst:

1. Pocket Stone

Vorgehen

Sammle einen schönen Stein. Nutze ihn als Mindful Move in der Hosentasche. Immer wenn du bewusst oder unbewusst in die Hosentasche fasst, fühlst du den Stein und er wird dich automatisch triggern, also daran erinnern, kurz mal zu dir zu kommen und deine Mindful Minute für eine Einheit zu nutzen.

Male doch mit Edding oder Farbe das Symbol des Mindful Moves auf den Stein. Wenn das Symbol groß bzw. die Linien breit genug sind und z. B. mit Farbe gemalt wurden, kann man das Symbol sogar auf dem Stein erfühlen, weil es glatter ist als der Stein selbst bzw. sich etwas abhebt. Damit nutzt du deinen Tastsinn, um dich bewusst zu erinnern. Es kann passieren, dass du den Stein berührst, aber dennoch zu unbewusst in dem Moment bist. Etwas Ungewöhnliches an dem Stein kann den Trigger auslösen. Sei kreativ. Solltest du dir den Stein so (oder so ähnlich), wie er hier abgebildet ist, zum Kauf wünschen, dann teile uns das hier mit. Bei Mindful Men entwickeln wir neue Produkte gemeinsam. Das können wir schließlich, right? Schreib uns an crowd@mindfulmen.de

2. Red Light

Vorgehen

Nachdem du hier das Bild gesehen hast, ist es in deinem Unterbewusst-Sein gespeichert. Vielleicht schaust du es dir noch mal an. Schau es dir doch mal zehn Sekunden am Stück an und versuche es dir aktiv einzuprägen. Sage dir: «Das nächste Mal, wenn ich vor einer roten Ampel stehe, sehe ich das Mindful Move Triggersymbol vor meinem geistigen Auge.»

Und wenn du heute aus dem Haus gehst und einer roten Ampel begegnest, wird es voraussichtlich schon passieren. Wenn du aber im Buch bis dahin noch keine Einheiten für die Mindful Minute (kennen-)gelernt hast, so ist dennoch alles gut. Der Trigger hat gezündet. Der Blitz hat eingeschlagen. Du wirst realisieren, dass du dir in genau diesem Moment selbst-bewusst bist. Du bist kurz im JETZT. Genieße den Moment und drifte nicht gleich wieder in Gedanken ab. Und selbst wenn, sei stolz, du hast einen Anfang gemacht. Das wird sich gut anfühlen. Vielleicht siehst du den Trubel um dich herum kurz aus einer anderen Perspektive. Etwas aus der Distanz. Etwas entschleunigt. Betrachtend.

Und zum ersten Mal in deinem Leben verlierst du die Ablehnung gegen rote Ampeln und erkennst, dass sie deine kleine Lücke sind. Deine Chance auf Bewusst-Sein, auf Ruhe, auf Gelassenheit. Genau das Gegenteil von dem, was wir sonst vor roten Ampeln tun.

Bei diesem Mindful Move sind deine Augen dein Sinneszugang zur bewussten Wahrnehmung.

Hier in Farbe

3. Big Ben

Bruder Jakob, Bruder Jakob, schläfst du noch, schläfst du noch? Hörst du nicht die Glocken, hörst du nicht die Glocken? Ding Dong Dong, Ding Dong Dong!

Schläfst du noch? Träumst du noch? Bist du noch immer unbewusst? Dann wach auf!

Wir nehmen sie mit rein. Einer der ältesten Mindful Moves der Geschichte. Die Kirchenglocke. Da sie mehrfach am Tag geläutet wird, ist das Triggerpotential sehr stark. Wir haben nur aufgehört, sie bewusst zu hören. Vielleicht ist die Connection zur Kirche auch nicht so stark und es wird unterbewusst abgelehnt und ausgeblendet. Aber nehmen wir es positiv. Uns wird hier jeden Tag etwas angeboten, wobei die Kirche heutzutage wahrscheinlich selber nicht mal ahnt, wozu es noch genutzt werden kann.

Hole die Glocke zurück nach vorn in dein Bewusst-Sein. Überlege dir, wie du das nächste Mal morgens im Bett, während eines Spazierganges oder im Büro durchs geöffnete Fenster die Kirchenglocke hörst. Präg dir den Sound ein. Bei diesem Trigger sind deine Ohren dein Sinn, der den Blitz aufnimmt. Wenn die Schallwellen der Glocken auf dein Trommelfell treffen, erwachst du. Ding. Dong. Dong.

Das waren ein paar erste Beispiele für einfache Alltags-Trigger, die du nutzen kannst. Wir werden euch in der digital vernetzten Community zukünftig weitere Ideen geben und sind dabei offen für eure Ideen.

Meldet euch dazu einfach unter crowd@mindfulmen.de oder kommt in unsere Fanbase auf FB, Instagram und YouTube.

4. Mindful Men Alltags-Triggerprodukte

Wie bereits mit mittlerem TamTam angekündigt, wollen wir euch hier exemplarisch einen Mindful Move zeigen, der dir zu Anfang helfen kann, in den richtigen Situationen wachsam und achtsam zu sein.

Mindful Move Coffee Cups

Wo? Morgens am Frühstückstisch, im Büro/bei der Arbeit in der Kaffeeküche oder am Arbeitsplatz

Was? Na, Kaffeetassen halt. Du darfst da auch Tee oder andere Getränke deiner Wahl reinfüllen. Alkohol wäre Stuss, er macht die Birne hohl und unbewusst. Aber du musst es schließlich selber wissen.

Wie? Überlege dir zunächst mal, wo und wann deine geeignetsten Triggermomente im Alltag sind. Dann entscheide, welcher Mindful Move für dich den größten Nutzen hat. Im Badezimmer (morgens/abends), am Frühstückstisch, im Auto, am Arbeitsplatz oder an anderen Orten, in anderen Situationen?

Für die meisten Alltagssituationen kannst du dir potenziell einen Mindful Move «basteln», also einen Trigger, der zur Situation passt.

1. Badezimmer (morgens/abends) = (Dusch-)Handtuch
2. Frühstückstisch (morgens) = Kaffee-/(Teetasse
3. Auto (morgens/nachmittags/abends) = Aufkleber
4. Arbeitsplatz (morgens/mittags) = Tasse/Laptoptasche/Kissen
5. Schlafzimmer (abends) = Poster/Leinwand/ Kissen

Wir möchten euch miteinbeziehen in die Entwicklung sinnvoller Produkte, die einen echten Nutzen für uns alle da draußen entfalten. Wir haben viel dazu gebrainstormed und konzeptioniert.

Aber was sind die Lösungen, die euch den maximal nachhaltigen Nutzen bringen? Vielleicht auch schwer einzuschätzen, ohne es in der Praxis ausprobiert zu haben. Dennoch helft uns gerne dabei, die richtigen Lösungen zu finden, indem ihr Produkte ausprobiert und uns Feedback dazu gebt.

Wollt oder könnt ihr euch keine eigenen Alltagstrigger selber schaffen? Wollt ihr auf bereits existierende Triggerkonzepte zurückgreifen? Dann sagt uns das unter crowd@mindfulmen.de.

15. The Mindful Minute
– Du nimmst dir Raum

Conscious Training – Der Moment

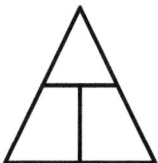

Conscious Training ist die Basis der Mindful Minute und beinhaltet achtsame Einheiten aller Art, also im Grunde alles, was du ganz bewusst tust bzw. bisher nicht getan hast. Das kann alles sein. Teekochen, Hintern abputzen. Alles, was du am Tag tust. Und das soll jetzt irgendwie neu oder innovativ sein, fragst du dich? Achtsam Tee kochen? Bewusst Zähne putzen? Voll fokussiert die Schuhe anziehen? Täuscht euch nicht, Männers. Genau da ist einiges an Potenzial verborgen, das du im Grunde mit nur einem geringen zeitlichen Mehraufwand ausschöpfen kannst. Warum wenig und nicht gar kein Mehraufwand? Weil du die Dinge bewusster tust. Und wenn du das tust, gibst du dir und den Dingen mehr Zeit. Allerdings in überschaubarem Maße. Und das ist es doch, was uns die Sache etwas einfacher macht. Wenig Aufwand, voller Nutzen. Da gehen die Hände doch von allein hoch.

Aber so einfach ist es nicht, denn wenn das so wäre, dann würde es ja schon jeder machen. Uns ist aber einfach nicht klar, welches Potenzial in den alltäglichen Dingen verborgen liegt. Weil wir diese Dinge trennen von Freizeit und Erholung. Wir nehmen sie gar als störend wahr, als Zeitfresser, die von unserer Freizeit abgehen.

Jetzt denkst du vielleicht, dass du ja auch dann keine Zeit gewinnst, wenn du Dinge bewusster, also mit Absicht und Aufmerksamkeit tust. Das stimmt nur zum Teil. Zunächst mal verlierst du keine Zeit, außer dieser, die du JETZT und HIER investierst, um den Dingen auf die Schliche zu kommen. Und am Ende der Kette geht es HIER ja darum, durch ein gesteigertes Bewusst-Sein alles, was du tust, mehr genießen zu können. Und nicht ein von der Zeit Getriebener zu sein. Gelingt dir dies nach und nach, wirst du nämlich feststellen, dass sich Zeit plötzlich ganz anders anfühlen kann. Dir kommt es vor, als hättest du plötzlich mehr Zeit, als dehne sich dein gefühltes Verständnis von Zeit. Und genau in diesem Moment gehst du aus der Opferrolle heraus und wirst dadurch automatisch gelassener. Deine Chance liegt also vor allem in jedem einzelnen Moment und der Art, wie du diesen erlebst – unabhängig davon, was du gerade tust.

Männers, lasst uns doch mal den vermeintlich unwichtigen, nervigen, zeitraubenden Dingen mehr Wert zukommen. Einen guten Kaffee zu kochen zum Beispiel: damit werten wir uns auch selber auf. Wir geben uns das, was wir in unseren Augen verdienen. Wozu führt das? Nun, es könnte dazu führen, dass Kaffee zu trinken wieder zu einem exklusiven Ritual wird, bei dem es nicht nur darum geht, (vermeintlich) mehr Energie zu haben für den stressigen Tag. Das Mehr an Energie kommt dann aus natürlicher Quelle, aus dem Bewusst-Sein und wird nicht temporär künstlich herbeigeführt. Und wir können schon ab der Zubereitung anfangen, alles daran zu genießen. Aber auch das muss gar nicht immer der Fall sein. Denn ich höre dich schon sagen: «Und wie darf ich mir das jetzt beim Hintern abwischen vorstellen?» Wichtig ist nur, dass du bei dir und dem bist, was du gerade tust. Dass du nicht wieder in Gedanken abdriftest und schon wieder die nächsten zwei Stunden durchplanst. Wenn es dir Schritt für Schritt gelingt, in jeglichen Situationen des Alltags voll bei dir zu sein, dann wirst du frei sein und du wirst dich wundern, wie wertvoll du die Zeit wahrnimmst, die du hast. Und du setzt sie dann mit steigender Weisheit ein. Was positiv hinzukommt, dass du weniger auf Quantität setzt (zeitlich wie konsumtechnisch), sondern auch den Dingen mehr Qualität gibst, die dir bislang als «notwendig» erscheinen. Vielleicht machst du dir dann genau einen hochwertigen Espresso am Tag mit einer guten Maschine, oder du gönnst deinem Allerwertesten mal vierlagiges Papier und achtest darauf, wie sich das anfühlt. Es geht HIER auch darum, welche Wertschätzung wir uns selber geben.

Neben diesen ganz alltäglichen Dingen, die du nicht neu erlernen musst und die mit wenigen Minuten Mehraufwand am Tag umsetzbar sind, erhältst du in diesem Bereich zusätzlich verschiedene kreative Einheiten zur Bewusst-Seins-Steigerung. Diese Übungen sind ebenfalls einfach umsetzbar. Bei der ein oder anderen Übung steht aber eine Entscheidung am Anfang. Bist du z. B. bereit, mal wieder in den Wald zu gehen? Denn das bedeutet rund um die Übung herum einen Zeitaufwand, den wir nicht zu den 7 Minuten pro Tag rechnen können. Das ist Zeit, die du dir nimmst und die eher in den Basisbereich der Achtsamkeitspyramide fällt, in den Mindful Motor (Achtsamkeitsmotor). Das ist die Ebene, die alles beinhaltet, was Körper, Geist und Seele zuträglich ist. Und wenn du JETZT genau hinsiehst, erkennst du etwas Wichtiges. In dem genannten Beispiel (ab in den Wald) investierst du mehr Zeit in deine Gesundheit, verknüpfst das aber dann mit Einheiten aus der Mindful Minute (Achtsame Minute), die zu einem Waldspaziergang passen (im Folgenden erklärt). Du schaffst dir also Synergieeffekte, wenn du die Ebenen der Pyramide miteinander verbindest. Das steigert den Wirkungsgrad, weil du mehr aus dem machst, was da ist. Und erinnere dich an das Kaffeekochen-Beispiel: Auch da machst du mehr aus dem, was schon da ist. Dem Kaffeekochen. Und das sind dann keine zehn Minuten mehr, die du investierst, sondern vielleicht zwei Minuten, die du der Sache mehr gibst, um gut zu werden. Es wird dir nun im besten Fall etwas klarer, dass es nicht nur die reine Zeit ist, die für die Übungen auf dem Papier stehen, sondern auch die Frage, wie wir das meiste aus dem rausholen, das du sowieso schon investierst.

Puh, durchatmen. Das war wichtig an dieser Stelle. Grundsätzliche Erkenntnisfragen. Wenn dir dieser Bereich aber JETZT etwas zu aufwendig oder schwierig vorkommt, wenn es sich nicht so richtig anfühlt damit zu starten, dann ist das vollkommen ok. Dann kannst du erst einmal in den zweiten Bereich dieser Ebene gehen, zur «Breathwork» (folgt im Anschluss an «Conscious Training»). Diese Einheiten sind grundsätzlich schnell zu verstehen und mit wenig Training innerhalb von ein bis zwei Minuten zu absolvieren. Suche dir deinen Weg in die Pyramide. Du kannst von überall, von jeder Seite oder Höhe einsteigen.

Im Weiteren wirst du auch lernen, dass du «Conscious Training» nach und nach ideal mit «Breathwork», «Mental Xercises» und «Self Discovery» kombinieren kannst und damit noch effektiver dein Bewusst-Sein steigerst mit allen positiven Effekten.

1. Blind Walking (blind gehen oder joggen)

Wo? Beim Joggen oder beim Spazierengehen, aber potenziell bei jedem Gang von A nach B möglich.

Fördert: Hingabe, Mut, Bitte nach Führung.

Wann? Wann immer du in Bewegung bist. Drinnen oder draußen

Vorgehen

Egal, ob du gerade spazieren gehst (wie oft gehst du eigentlich spazieren?) oder joggst: achte mal auf Wegstrecken, die lang und breit sind. Am besten ist es natürlich am Strand oder über eine Wiese zu laufen, aber es geht auch an anderer Stelle. Wichtig ist nur, dass keine gefährlichen Situationen entstehen können. Ein bisschen Nervenkitzel ist hierbei aber willkommen.

Wenn du eine Strecke hast, dann schließe beim Laufen die Augen und tue dies für eine zuvor definierte Zeit (z. B. zehn Sekunden), eine Anzahl an Schritten oder noch besser für eine Anzahl an Atemzügen. Dadurch kannst du diese Einheit wiederum mit Breathwork verbinden. Suche dir dazu vorher eine Breathwork-Einheit aus, die zu deinem Atemrhythmus beim Laufen passt.

In dem Moment, wo du deine Augen schließt, konzentriere dich auf deine Atmung oder deine zuvor definierte Zählweise. Versuche nun loszulassen. Gehe ins Vertrauen. Fühle die Führung. Es kann dir nichts passieren. Erlebe dabei, was es heißt, in den Flow zu kommen. Ein wunderbares Gefühl.

Du wirst die ersten Male vermutlich noch zurückhaltend sein und dir nur kurze Zeiträume zutrauen. Das ist in Ordnung. Wenn du die Augen wieder öffnest und siehst, dass alles in Ordnung ist, wirst du in den folgenden

Einheiten (muss nicht am selben Tag sein) die Zeiträume ausdehnen. Du wirst spüren, wie dein Vertrauen und dein Mut wachsen. Auch deine Hingabe (Loslassen) wird gestärkt.

Nutzen

Der Effekt in deinem Alltagsleben wird sein, dass du generell mutiger wirst und dir mehr zutraust. Du wirst mehr Vertrauen entwickeln sowohl gegenüber Menschen, aber auch in dich selbst bei allen Herausforderungen des Lebens.

Kombination
mit Breathwork, Mental Xercises

Beispiel: Wenn du diese Einheit ein paar Mal absolviert hast, sollte dein Selbst-Bewusst-Sein und damit dein Selbst-Vertrauen steigen. Das führt dich zur nächsten Stufe. Wenn du etwas sicherer damit bist, dann versuche, während des blinden Laufens einmal eine Breathwork-Einheit einzulegen (siehe zweiter Bereich Breathwork, gleiche Ebene in der Mindfulness Pyramid). Du könntest den blinden Lauf z. B. mit der 4711-Einheit verbinden. Wenn der Atemrhythmus beim Joggen schwierig ist, verlangsame dein Laufen zum Gehen. Das gibt dir evtl. auch mehr Sicherheit beim Kombinieren der Einheiten. Die 4711-Einheit dauert eine gute Minute, passt also je nach Strecke locker ins Bild. Wenn du die 4711 beendet hast, bleib genau da stehen, wo du bist. Lass die Augen geschlossen. Und jetzt sage dir im Geist entweder eine Affirmation aus dem Bereich Mental Xercises oder wähle eine Einheit aus diesem Bereich, wie eine Danksagung (THX) oder formuliere eine Bitte nach Führung (Follow X).

Die Kombination bringt Synergie. Du nutzt deine selbst-bewusst-seinssteigernde Einheit (Blind Walking) und arbeitest dann aufbauend mental im Geist mit den sich anschließenden Einheiten.

Dauer: Innerhalb einer Minute umsetzbar. Am Anfang startest du gar nur mit zehn Sekunden, wiederholst das aber ein paar Mal. Nutze die Gänge, die du sowieso machst, das kann auch ein Gang zum Klo sein.

Xperience

Schreibe hier deine Erfahrung mit der Einheit auf.

Wie hast du sie erlebt?

_____

_____

Gab es Probleme bei der Durchführung?

_____

_____

Was ist dir aufgefallen?

_____

_____

Wie fühlst du dich nach der Einheit?

_____

_____

Schicke dein Feedback auch gern direkt an uns: feedback@mindfulmen.de

2. Reverse Drift (Wasserengel)

Wo? Im Freibad oder im Hallenbad, ggf. in einer großen Wanne oder Jacuzzi :-)

Wann? Am besten im Frühling oder Sommer bei Sonnenschein. Ansonsten gibt es keinen guten oder schlechten Zeitpunkt. Solange du Zugang zu einem Hallen- oder Freibad hast, just do it.

Vorgehen
Lege dich im großen Schwimmbecken irgendwo am Rand auf den Rücken ins Wasser und lege die Hacken in die Abflussrille, sodass du an den Füßen einen festen Halt hast. Dafür die Füße ca. 30 cm auseinanderlegen. Breite die Arme im 90° Winkel auf Höhe der Wasseroberfläche aus. Bringe deinen Körper in eine gerade, stabile Position. Dein Gesicht liegt nun zur Hälfte unter Wasser (Ohren) und zur Hälfte über Wasser (Augen/Nase/Mund).

Trainiere nun zunächst stabil im Wasser zu liegen. Das gelingt dir über eine gleichmäßige Atmung. Du kannst diese Einheit am besten mit Breathwork kombinieren. Am besten funktioniert dabei der «Atem Gottes». Eine verbundene, durchgehende Atmung führt zu einem gleichmäßigen und ausreichenden Luftvolumen, um in einer stabilen Position zu bleiben.

Atmest du zu tief ein, hebt sich dein Körper zu schnell aus dem Wasser. Atmest du zu flach oder machst zu lange Pausen zwischen der Ein- und Ausatmung, kann dein Gesicht unter Wasser sinken. Atme also ruhig, tief und gleichmäßig ein und aus. Verbinde deine Atemzüge und lasse sie zu einem werden.

Dann beruhige dich immer weiter. Du wirst irgendwann fühlen, dass du loslassen kannst. Das nennt sich Hingabe. Du hast Vertrauen in dich und alles um dich herum. Dir kann nichts passieren. Du kannst dich fallen lassen und doch schwebst du.

Atme nun gleichmäßig und lang ein und aus. Auf diese Weise verhinderst du beim Einatmen, dass deine untere Gesichtshälfte und damit auch deine Ohren aus dem Wasser auftauchen. Beim Ausatmen, dass deine obere Gesichtshälfte unter Wasser gerät. Habe keine Angst. Es gelingt dir vielleicht nicht sofort, aber du wirst nicht viele Versuche brauchen. Und du gibst ja eh nicht auf, bevor du Erfolg hast. Du bist ja ein Gewinner, richtig? Also, dranbleiben, aber ganz ruhig. Komm zur Ruhe. Komm ins Gleichgewicht.

Schließe nun die Augen. Atme weiter ruhig und gleichmäßig. Je länger du das machst, desto mehr kommst du in einen selbst-bewussten Zustand. Das wirst du spüren. Das ist vor allem dann der Fall, wenn du merkst, dass du loslassen kannst. Dass du dich fallen lassen kannst. Dass du Vertrauen hast, das alles gut wird.

Genieße diesen Zustand, wie du nur kannst. Die Sonne im Gesicht, die Wärme auf der oberen Körperhälfte, das kühle Wasser umschließt deine untere Körperhälfte. Einheit. Deine Ohren unter Wasser und die angenehme Ruhe. Der Frieden. Nach ein bis zwei Minuten in dieser Position hältst du nach dem Ausatmen die Luft an und merkst, wie du rückwärts in die Tiefe sinkst. Halte dir kurz vorher die Nase zu. Löse deine Hacken vom Beckenrand und lass dich absinken. Bleibe in der Position. Öffne die Augen und blicke von unten nach oben zur Wasseroberfläche. Verharre, solange du kannst. Dann stoße dich vom Boden ab und tauche auf. Saug einen tiefen Schwall Luft in deine Lungen. Halte dich am Beckenrand fest und fühle dich wie neugeboren.

Nutzen
Fördert Hingabe, Mut & Dankbarkeit. Du lernst außerdem, gleichmäßig tief ein- und auszuatmen. Deine Position im Wasser ist dabei deine Rückkopplung, dein Gradmesser. Du merkst, wenn du zu stark und unvermittelt ein- oder ausatmest, hebt bzw. senkt sich dein Körper (und dein Gesicht) zu stark. So lernst du sehr schnell, gleichmäßig und im richtigen Maße zu atmen. Äußerst effektiv. Wir stehen auf effektiv, right?

Kombination

Du kannst die Einheit mit Breathwork und Mental Xercises kombinieren, um mehr Nutzen zu erzeugen.

Breathwork: Die Stairway 2 Heaven-Methode eignet sich sehr gut.
Mental Xercises: Nach Abschluss der Atemeinheit und bevor du dich absinken lässt, bitte um Führung (Follow X). Bist du am Boden, bedanke dich für so viele Dinge wie dir einfallen, bevor dir dein Atem ausgeht.

Dauer: Innerhalb von zwei Minuten umsetzbar.

Praxisvideo Reverse Drift

Xperience

Schreibe hier deine Erfahrung mit der Einheit auf.

Wie hast du sie erlebt?

_____
_____

Gab es Probleme bei der Durchführung?

_____
_____

Was ist dir aufgefallen?

_____
_____

Wie fühlst du dich nach der Einheit?

_____

_____

Schicke dein Feedback auch gern direkt an uns: feedback@mindfulmen.de

3. Power Pose

Wo? Badezimmer, Ankleidezimmer, oder wo immer ein großer Spiegel hängt.

Wann? Morgens und abends vor dem Anziehen und Zubettgehen.

Sobald du dein Bewusst-Sein steigerst und dir selber mehr bewusst wirst, steigt somit dein Selbst-Bewusst-Sein. Damit einhergehend, und so haben wir es ja bisher verstanden, steigt auch dein Selbstwert. Mit steigendem Selbstwert ist es dir mehr und mehr egal, was andere über dich denken. Darüber definierst du dich nicht mehr.

Wann könntest du dir mehr selbst bewusst sein, wenn nicht vor einem Spiegel? Es wird dir relativ schwerfallen, beim Blick in den Spiegel unbewusst zu sein. Nirgends sonst bist du mehr dir selbst gegenübergestellt als in direkter Konfrontation mit deinem visuellen Selbst. Aber täusche dich nicht. Wir schauen hier nicht nur direkt auf unseren Körper. Wir schauen auf unser Ganzes. Eisbergmodell. Das Meiste von uns bleibt bei reiner (3-D)-Betrachtung. Aber 9/10 eines Eisbergs schwimmen unter der Wasseroberfläche. Schau dich mal ganzheitlich an. Deine Körperhaltung. Deine Körperspannung. Deine Schultern. Dein Kopf. Wie ist die Haltung? Was vermittelt sie dir? Ist sie authentisch? Kannst du das fühlen?
Hör auf die Stimme ...

Vorgehen
Stell dich in einen für dich angenehmen Stand. Deine Beine stehen fest und sicher. Die Füße leicht nach außen neigen. Roll mal die Schultern rund erst nach oben, hinten, runter und da halten. Streck die Brust etwas nach vorn und atme dabei tief ein. Heb deinen Kopf etwas, sodass du dein Kinn gut siehst. Drehe dein Kopf leicht zur Seite, du kannst immer noch beide Augen sehen. Deine Augen sind leicht geöffnet, du schaust direkt hinein.

Stolz durchflutet dich. Du bist ein stolzer, aufrechter, bewusster Mann. Du musst lächeln. Kannst dir das Grinsen schwer verkneifen.

Teste nun verschiedene Gesichter.

1. Mache ein starkes Gesicht.
2. Mache ein entspanntes Gesicht.
3. Mache ein selbstsicheres Gesicht.
4. Mache ein zufriedenes Gesicht.
5. Mache ein glückliches Gesicht.
6. Spanne nun deine Wangenknochen so an, als würdest du lachen.

Auch wenn du nicht lachen musst. Simuliere ein Gesicht, das lacht.

Auch wenn es dir komisch vorkommt, tu es. Schon Vera Birkenbihl hat gezeigt, dass wir Effekte im Gehirn erzielen, auch wenn wir nur so tun als ob. Allerdings tun wir das bewusst und das ist der große Unterschied.

Verharre eine Minute in dieser Position. Zähle im Geist bis 60 oder kombiniere die Übung mit einer Breathwork-Einheit innerhalb dieser Minute.

Kombination
Breathwork: Bud Spencer Methode, während du in deiner finalen Position verharrst

Self Discovery: My higher Self, direkt im Anschluss an die Breathwork Einheit
Dauer: Innerhalb von zwei Minuten umsetzbar.

Xperience
Schreibe hier deine Erfahrung mit der Einheit auf.

Wie hast du sie erlebt?

_____

_____

Gab es Probleme bei der Durchführung?

_____

_____

Was ist dir aufgefallen?

_____

_____

Wie fühlst du dich nach der Einheit?

_____

_____

Schicke dein Feedback auch gern direkt an uns: feedback@mindfulmen.de

4. Forest Bathing

Wo? Na, im Wald. Ein Wald, den du kennst. Den du magst, wo du vielleicht schon früher öfter warst. Ansonsten mache dich auf die Suche nach einem neuen Wald, der dir gefällt. Werde noch mal zum Forscher. Zum Entdecker. Am besten ist ein Wald mit abwechslungsreichem Bewuchs. Mit viel Grün. Du sollst dich dort wohlfühlen.

Wann? Kommt drauf an, wie weit du es zu einem Wald hast. Hast du einen Hund? Gehst du Joggen? Gehst du generell viel spazieren?

Vorgehen
Dein Weg führt zurück in den Wald. Aber nur, wenn du das auch willst. Der Wald hält vieles für dich bereit. Im Wald kannst du alle vier Bereiche der Mindful Minute (Bewusst-Seins-Ebene) zusammenführen. Im Wald ist alles möglich. Suchst du also nach einer effizienten Form der Steigerung deines Selbst-Bewusst-Seins, dann ist der Wald der Ort, an dem Magisches passiert. Nirgendwo wirst du effizienter sein.

Hat doch jeder schon mal gehört. Waldbaden. Aber hast du das schon mal ausprobiert? Hast du entfernt eine Ahnung, was ein Wald am Start hat? Wälder sind besondere Orte. Vielleicht weißt du das längst, vielleicht weißt du das noch nicht, vielleicht willst du das nicht wissen.

Wir müssen hier aber eines festzurren, Männers. Der Wald ist ein Ort mit hoher Energie, auch wenn du vielleicht mit solchen Begriffen aktuell nicht viel anfangen kannst. Wie oft bist du im Wald? Wo ist der nächste Wald, den du erreichen kannst? Wie bewusst nimmst du den Wald wahr, wenn du dort bist? Was macht der Wald mit dir? Macht er was mit dir?

In den Wald zu gehen ist gesund. Das steht mittlerweile fest. Warum ist das so? Da kommen wohl verschiedene Dinge zusammen. Die Ruhe bzw. Reduktion stressverursachender Geräuschkulissen (Menschen, Verkehr, Baulärm etc.), stattdessen eine Soundkulisse aus Vogelgezwitscher, Froschgequake, Grillengezirpe und das Rauschen der Blätter im Wind. Dazu kommen die Gerüche der Flora. Vor allem die Bäume sondern ätherische Öle ab, die wir über die Nase aufnehmen. Dann die Kulisse. Schau dich im Wald mal richtig um. Die Vielfalt ist überwältigend, wenn man bewusst hinsieht.

Aber halten wir es für den Anfang einfach und umsetzbar.

1. Suche dir einen Wald, der dich anzieht oder schon immer angezogen hat.

2. Gehe in den Wald und lass dich treiben. Gehe irgendwohin, ohne feste Route. Gehe nach Instinkt und Intuition, dahin, wohin es dich zieht.

3. Lege einen Moment fest, ab dem du in den Wald eintauchen willst, ab wo das Waldbaden startet.

4. Ab diesem Zeitpunkt lässt du dich nicht mehr ablenken. Du gehst ganz bewusst durch den Wald. Keine Gedanken. No mind. Das Einzige, was du tust:

    a. Du siehst den Wald. Sie ihn dir an. Sieh alles, was er für dich hat. Sieh vom großen Baum bis ins kleine Moos.

    b. Du hörst den Wald. Hör genau hin, was du alles hörst. Versuche jede einzelne Geräuschquelle zu identifizieren.

    c. Du riechst den Wald. Allein der Boden riecht gewaltig. Am besten während oder nach einem Regen. Die Bäume riechen verschieden. Versuch so viele Gerüche wie möglich wahrzunehmen. Nimm sie in dich auf.

    d. Fühle den Waldboden unter deinen Füßen. Fühle, wie weich er ist. Wie angenehm unter deinen Füßen. Fasse einen Baum an. Umfasse ihn. Umarme ihn. Fühle die Zeit, die der Baum schon lebt, die vor deiner Zeit begann und deine Zeit überdauern wird.

5. Du kannst die ganze Magie eines Waldes in dich aufnehmen und das gerade mal in einer Viertelstunde. Oder du erkundest ihn nach und nach. Gib dir Zeit. Die Zeit, die du vermeintlich nicht hast. Doch, du hast sie. Es ist nur eine Entscheidung.

Nutzen

Zeit. Wie fühlt sie sich an? Bisher wohl eher so, dass sie unheimlich schnell wegrennt. Abläuft. Dahinrinnt. Aber wenn du in den Wald gehst, kann es sich anfühlen, als bliebe sie stehen. Eingefroren. Die Zeit fühlt sich an wie gestreckt und ausgedehnt. Allein das ist ein sehr befreiendes Gefühl. Die Zeit läuft dir nicht mehr weg. Du bist die Zeit.

Du beruhigst dich im Wald. Du fährst automatisch runter. Du fühlst dich sicher. Gut aufgehoben. Du bewegst dich wie selbstverständlich. So wie du es dir immer wünschst in deinem Alltag.

Kombination

Conscious Training: Treetop Watching, Grow a Tree

Breathwork: Box Breathing Methode nach einem Gang durch den Wald an einem schönen Platz, z. B. einer Lichtung

Mental Xercises: THX, Hypno X, Affirm X, Suggest X im Anschluss an die Breathwork Einheit

Dauer: Innerhalb von zwei Minuten umsetzbar.

Forest Bathing Video

Xperience

Schreibe hier deine Erfahrung mit der Einheit auf.

Wie hast du sie erlebt?

_____

_____

Gab es Probleme bei der Durchführung?

_____

_____

Was ist dir aufgefallen?

_____

_____

Wie fühlst du dich nach der Einheit?

_____

_____

Schicke dein Feedback auch gern direkt an uns: feedback@mindfulmen.de

5. Treetop Watching

Wo? Im Wald

Wann? Bei deinen Waldgängen, Waldbaden. Es sollte etwas Wind vorherrschen für diese Einheit. Daher sind windstille Momente/Tage ungeeignet.

Vorgehen

Bei einem Gang in den Wald bleibe irgendwo mitten im Wald stehen. Es sollte ein Ort sein, den du magst und der einen interessanten Baumbewuchs hat. Nicht zu dicht, nicht zu leicht, nicht zu eintönig, nicht zu verwirrend.

1. Richte den Blick nach oben in die Baumkronen. Stell dich aufrecht hin.

2. Verharre in dieser Position, während du die Baumkronen betrachtest.

3. Du solltest nun die Baumkronen sehen, wie sie wogen, wie sie sich gleichmäßig bewegen.

4. Betrachte die Baumkronen für eine Minute. Zähle im Geist bis 60 oder kombiniere die Einheit mit anderen Übungen (siehe Kombinationen).

Nutzen

Die Bewegung und der Sound der Baumkronen beruhigen dich. Die gleichmäßige, wiegende, wankende Bewegung lässt dich runterfahren. Du kommst automatisch ins Bewusst-Sein und es fühlt sich gut und richtig an.

Kombination

Breathwork: Albatros Methode, während du in die Baumkronen schaust

Mental Xercises: Suggest X, Affirm X nach Abschluss der Breathwork-Einheit

Dauer: Innerhalb von zwei Minuten umsetzbar.

Xperience

Schreibe hier deine Erfahrung mit der Einheit auf.

Wie hast du sie erlebt?
_____
_____

Gab es Probleme bei der Durchführung?
_____
_____

Was ist dir aufgefallen?
_____
_____

Wie fühlst du dich nach der Einheit?
_____
_____

Schicke dein Feedback auch gern direkt an uns: feedback@mindfulmen.de

TEIL 2 | Anwendung und Umsetzung

6. Grow a tree (deutsche Eiche)

Hier in Farbe

Diese Einheit ist sowohl Conscious Training als auch eine Mental Xercise. Daher ist das Bild auch so gekennzeichnet. Die Einheit könnte in beiden Bereichen angesiedelt werden. Der Einfachheit zuliebe belassen wir es beim Conscious Training in dem Wissen, dass wir mit dieser Einheit auch im schöpferischen Verstand arbeiten.

Wo? Im eigenen Garten oder in der Natur

Wann? Im Frühling

Vorgehen
Kaufe Setzlinge einer deutschen Eiche.

Setzlinge kaufen

1. Überlege dir einen Platz, an dem ein Baum potenziell die Chance hat, langfristig zu wachsen. Das kann dein eigener Garten sein oder ein Ort in der Natur, der unberührt ist.

2. Pflanze die deutsche Eiche. Denke daran, dass ein so stolzer, großer und starker Baum nur aus diesem kleinen Setzling erwächst. Alles, was die Eiche braucht, ist in diesem winzigen Setzling bereits enthalten. Der Weg der Eiche ist bei günstigen äußeren Bedingungen bereits vorgezeichnet. Genauso wie deine eigene Bestimmung. Es gibt keinen Unterschied.

3. Werde dir darüber klar, dass alles, was du aus deiner Bestimmung heraus erschaffst und vollbringst, dich selbst überdauern wird. Du wirst dafür evtl. kein Lob kriegen. Keine Anerkennung. Potenziell wird sich der Nutzen aus dem, was du erschaffen hast, erst nach deinem Tod entfalten.

4. Schau dir das Bild des großen, alten Baumes an. Kannst du die Zeit erfühlen, die er braucht, um zu dieser Größe heranzuwachsen? Fühlst du die Entschleunigung? Kannst du von der Zeit loslassen, die du selber hast? Kannst du fühlen, dass wir uns alle

erst dann verbinden, wenn wir über die Zeit hinausgehen?

5. Der Baum steht dafür. Er zeigt uns, dass Zeit relativ ist. Er zeigt uns, dass wir etwas erschaffen können, was uns selbst überdauert und erst nachhaltig seinen Nutzen entfaltet, wenn wir längst nicht mehr da sind. Ist der Gedanke unangenehm? Dann lass los. Übe Hingabe. Und du wirst Freiheit ernten.

6. Es gibt nichts Wunderbareres, Authentischeres, als etwas zu erschaffen, von dem ich selbst zu Lebzeiten nicht mehr profitieren werde. Wenn du da wirklich reinfühlst, kannst du dieses Gefühl als Belohnung dafür erhalten, dass du das bedingungslos für andere getan hast.

7. Nun stelle dir den Baum vor, den du gepflanzt hast. Stelle dir vor, wie er wächst. Stelle dir vor, wie er groß wird. Und stelle dir vor, wie deine Kinder und Enkelkinder unter diesem Baum sitzen. Gespräche führen. Sich küssen. Sich an dich erinnern und daran, wie du diesen Baum gepflanzt hast. Du hast es getan.

Nutzen

Du kommst raus aus dem zeitbasierten Denken. Dadurch kannst du loslassen und das Leben, das du JETZT lebst, genießen und auskosten. Du kannst JETZT und HIER leben und dennoch etwas tun, dass noch lange nach dir andere Menschen glücklich macht und einen Nutzen hinterlässt.

Es kann äußerst befreiend sein, sich von seinem zeitbasierten Tod zu lösen. Denke über deinen Tod hinaus. Was wünscht du dir für die Welt nach dir? Kannst du daran einen Anteil haben? Kannst du diese Welt mitgestalten, auch wenn du nicht mehr lebst? Was wäre das für ein Gefühl, dass dein Vermächtnis fortdauert und dich überlebt?

Und der Aufwand? Überschaubar. Du kannst dieses einfache Ereignis aber übertragen auf alles, was du tust. Wenn es dir gelingt, alles, was du tust, aus dem Blickwinkel zu betrachten, dass es dich überlebt, dann öffnet das deinen Horizont enorm.

Kombination

Die Kombination besteht bereits in der Übung selbst. Conscious Training mit Affirmationen aus den Mental Xercises.

Dauer: Wenn du die Setzlinge dann kaufst, wenn du sowieso beim Onlineshoppen bist, ist der Zeitaufwand dafür zu vernachlässigen. Hast du dann ein paar Setzlinge in der Tasche, kannst du bei jedem Gang draußen irgendwo einen Baum pflanzen. Kleine Kuhle mit der Hand oder dem Schuh. Setzling rein. Fertig. Zeitaufwand netto: eine Minute.

Xperience

Schreibe hier deine Erfahrung mit der Einheit auf.

Wie hast du sie erlebt?

_____

_____

Gab es Probleme bei der Durchführung?

_____

_____

Was ist dir aufgefallen?

_____

_____

Wie fühlst du dich nach der Einheit?

_____

_____

Schicke dein Feedback auch gern direkt an uns: feedback@mindfulmen.de

7. Mindful Day (Bewusst Sein 1.0)

Achtsamkeit heißt nichts anderes als Bewusst-Sein im gegenwärtigen Moment. Und auch wenn das nicht einfach so greifbar ist, so sollte Mann einfach mal erfahren, was es heißt, ganz im HIER und JETZT zu sein.

Fernab aller bisher erklärten Einheiten können wir alles, was wir jeden Tag tun, auch auf eine achtsame Art und Weise tun. Das tust du doch bereits, sagst du? Bist du dir da sicher? Klar, du schläfst nicht, während du den Rasen mähst, und den Kaffee bereitest du nicht ohnmächtig zu. Aber wie achtsam bist du bei der Sache? Hast du schon einmal vollkommen bewusst das Geschirr abgespült? Achtsam gesaugt? Ganz bewusst das Fahrrad repariert?

Nun, es klingt wie so vieles in diesem Kontext zunächst etwas komisch, fast schon befremdlich. Warum sollte ich so etwas Niederes wie Abspülen mit vollem Fokus tun? Voll dabei sein. Da verschwende ich doch nur meine kostbare Energie, die ich später viel mehr brauche, wenn es wieder hektisch wird da draußen. Es kommt einem so vor, dass genau an dieser Stelle, an diesem Punkt immer ein kleines Missverständnis zu nachhaltig unschönen Konsequenzen führt. Ein small Irrtum for Men, ein immenses disaster for mankind.

Überleg doch mal andersherum. Was brauchst du, um da draußen im Sturm der Unbewusstheit nicht mitgerissen zu werden? Wie kannst du bei dir bleiben, um das zu meistern? Du brauchst Selbst-Bewusst-Sein. Und wie kannst du dir selber helfen, dafür vorbereitet zu sein, wenn's zur Sache geht? Indem du jede dir zur Verfügung stehende Situation nutzt. Vor allem zunächst die, in denen du geschützt bist. Da, wo der Grad der Ablenkung potenziell etwas geringer ist. Da, wo dein Selbst-Bewusst-Sein den Raum hat, sich zu entfalten. Wie ein noch zartes Pflänzchen braucht es dabei Input, Pflege, Aufmerksamkeit.

Also, Reihenfolge klar? Erst die Lücken nutzen, die potenziell von weniger Ablenkung geprägt sind. Dort das Bewusst-Sein steigern. Mit diesem Pfund dann raus in die Welt und du wirst z. B. bemerken, dass die Alltags-Trigger draußen besser anschlagen. Aufgrund deines etwas höheren Levels an Bewusst-Sein im JETZT.

Welche Situationen sind das nun? Im Grunde haben wir ja schon zuvor ein paar angesprochen, als es um die Trigger ging. Badezimmer, Küchentisch. Dabei haben wir uns auch schon Einheiten angeschaut, die du nach dem Trigger in deiner Mindful Minute machen kannst. Allerdings haben wir uns darüber hinaus noch nicht damit beschäftigt, dass man alles, was man am Tage tut, in einem höheren Bewusst-Seins-Zustand tun kann. Nicht nur in diesen Momenten der Mindful Minute. Oder besser ausgedrückt, es gibt viel mehr Möglichkeiten einer Mindful Minute. Nur müssen wir dafür keine Einheit lernen. Wir müssen nichts zur Situation hinzufügen. Die Situation ist die Mindful Minute. Alles, was wir tun, ist dafür geeignet, zu einem bewussteren Moment für uns zu werden. Ganz einfach. HIER nur ein paar Beispiele von noch ganz viel mehr. Du wirst schnell wahrnehmen, wo du bewusster SEIN kannst und wie viele Situationen es eigentlich am Tag gibt. Unzählige. Denn die Wahrheit ist doch: Im Grunde geht es darum, immer mehr bewusste Phasen miteinander zu verbinden und den Zeitraum höheren Selbst-Bewusst-Seins somit auszudehnen. Es geht darum, die unbewussten Lücken zu schließen. Und das geht mit etwas Übung am leichtesten bei allem, was du tust.

- Küche
  - Spülen
  - Abtrocknen
  - Gemüse/Obst schnippeln
  - Kochen
  - Tee/Kaffee kochen

- Bad
  - Hände/Gesicht waschen
  - Hintern abputzen
  - Zähne putzen

- Rasieren
- Duschen
- Körperpflege

• Garten/Balkon/Terrasse
- Blumen/Pflanzen gießen/beschneiden
- Unkraut zupfen
- Rasen mähen

• Haus/Wohnung allgemein
- Staubsaugen
- Bad putzen
- Müll rausbringen
- Dinge reparieren

Das ist nur eine spontane Liste die uns zeigt, dass wir (falls wir bewusst mitmachen zu Hause) eine endlose Auswahl an Möglichkeiten haben. Was machen wir nun bisher anders in diesen Situationen? Wir lenken uns ab. Musik hören beim Abspülen ist sicher keine schlechte Sache, wahrscheinlich noch die beste. Aber wir könnten ja auch erst bewusst abspülen, uns anschließend gemütlich in den Sessel setzen und dann bewusst Musik hören.

Wir geben dir JETZT ein Beispiel aus den genannten und beschreiben, wie man eine alltägliche, vermeintlich niedere Sache bewusst ausführt mit seinen positiven Folgen für uns. Was heißt denn eigentlich niedere Sache? Kommt wieder vom Ego-Konstrukt. Nicht anspruchsvoll genug. Nicht unterhaltsam genug. Langweilig. Was soll mir das bringen?
Da ist schon der erste Trugschluss. Je nachdem, wie wir da herangehen, so wird auch das Ergebnis sein und unser Gefühl dazu. Du merkst vielleicht, dass hier nicht nur Conscious Training, sondern auch Mental Xercises eine Rolle spielen. Du kannst über deinen Geist an die Sache rangehen und dich mit positiven Assoziationen auf eine vermeintlich unwichtige, uninteressante Tätigkeit einstimmen. Das ist ein Zugang. Positive Programmierung.

CTC – Conscious Tea Cooking

Wo? Küche

Wann? Morgens, nachmittags, abends

Vorgehen

1. Bereite dich mental auf das Teekochen vor. Sage dir Affirmationen wie «Ich werde JETZT einen Tee kochen. Das wird ein unglaublich leckerer Tee. Und er ist gut und gesund für meinen Körper und meinen Geist.» Stelle nun eine Teekanne bereit und suche dir ganz bewusst drei bis vier Teebeutel raus, die dich ansprechen. Gehe intuitiv vor. Was passt zusammen? Was passt zu meinem Gemütszustand oder welchen Gemütszustand wünsche ich mir? Aktivierend? Beruhigend? Triff deine Wahl weise. Du hast deinen Geist nun schöpferisch genutzt. Nun bring ihn zur Ruhe.

2. Deine Aufmerksamkeit liegt nun wieder mit Absicht ganz auf allem, was du tust. Hole die Teebeutel aus ihren Verpackungen. Reiße sie behutsam und bedacht auf. Hole die Teebeutel aus ihren Verpackungen. Einen nach dem anderen. Nimm sie in deine Hand. Betrachte sie. Führe sie zur Nase. Rieche daran. Nimm die Aromen getrockneter Pflanzen, Blätter und Blüten in dich auf. Kannst du dir die Pflanzen dazu vor deinem geistigen Auge ausmalen? Vielleicht verspürst du den Wunsch dem nachzugehen?

3. Steht auf den Teebeutel-Etiketten etwas drauf? Bei den Yogi Tees bekommst du immer eine Affirmation oder Erkenntnis kostenlos dazu. Lies sie dir durch. Lass sie wirken. Dann hänge die Beutel in die Teekanne und befestige sie am Henkel oder da, wo es für dich Sinn macht. Lass dir Zeit dabei. Mache es ordentlich, so dass es hält und kein Beutel in die Kanne fällt, wenn du sie mit kochendem Wasser übergießt.

4. Koche Wasser. In einem Wasserkocher oder Topf. Gieße Wasser hinein. Lausche dabei dem Klang des Wassers.

5. Bereite das Gedeck vor. Bereite für dich oder für euch eine schöne Situation drinnen oder draußen vor. Wo würde der Tee euch gut schmecken? Wo möchtest du dafür gerne sitzen? Wenn dein Gefühl stimmig ist, bereite einen schönen Tee-Spot vor. Schöne Tassen. Habt ihr besondere Teetassen? Nimm diese. Decke noch Milch und/oder Zucker, wenn du das im Tee gerne magst. Aber mach es schön. Mach es zu etwas Besonderem, das deine volle Aufmerksamkeit verdient.

6. Wenn das Wasser kocht, nimm es behutsam und fokussiert und gieße es langsam in die Teekanne über die Teebeutel, bis diese von heißem Wasser bedeckt sind. Steigen erste Dämpfe auf? Nimm sie in dich auf. Nimm nun die Teekanne mit und stelle sie zum Teegedeck.

7. Lass dich nieder in eine gemütliche Position. Betrachte die Szenerie. Schau dir alles im Detail an. Das hast du gemacht. Das ist durch deine Hände passiert. Und mit deiner Hingabe. Siehst du den Dampf aufsteigen aus der Teekanne? Sieh seinen Bewegungen zu. Folge ihm. Bist du ganz im HIER und JETZT?

8. Nach ein paar Minuten, die du auch für eine kurze Breathwork-Einheit nutzen kannst, nimm die Teekanne und gieße dir/euch bedacht und aufmerksam ein. Höre dabei das Plätschern des Tees, wenn er sich in die Tasse ergießt. Wieder die Dampfschwaden. Lasse sie erst mal machen.

9. Der Tee kühlt vor deinen Augen etwas ab. Schließe die Augen und erinnere dich. Wie lange wird Tee schon von Menschen getrunken? Wie lange wird Tee schon auf diese Art und Weise zubereitet? Fühle die Geschichte des Tees. Seine Reisen quer über die Erde, um bei dir HIER und JETZT auf dem Tisch zu stehen und zu dampfen.

10. Nimm nun achtsam die Teetasse und führe sie an deine Lippen. Spüre vorsichtig, ob der Tee die richtige Temperatur hat. Dann nimm einen ersten Schluck. Schließe dabei die Augen. Spüre die Wärme des Tees und schmecke seine Aromen. Kannst du einzelne Aromen identifizieren? Welche sind es? Wie schmecken sie in genau dieser Kombination? Schlucke den Tee runter. Spüre die Wär-

me, die in deinem Hals entlang rinnt Richtung Magen. Es fühlt sich wohlig an, oder?

11. Sprich laut oder leise im Geiste deine Dankbarkeit dafür aus, dass du diesen Tee HEUTE genießen darfst. Du würdigst die Natur für diese Geschenke. Du verstehst den Zyklus aus Entstehen und Vergehen. Du nimmst etwas aus dem Schoß der Erde auf, das dann Teil von dir wird. Von deinem Organismus. Du integrierst die Inhaltsstoffe des Tees in deinem Körper und er wird dir etwas geben. Das kannst du wahrnehmen, wenn du bewusst bist. Es wird dir guttun.

12. Auf genau diese Weise fährst du fort. Zwischendurch kannst du dich interessiert umschauen und deine Umgebung beobachten. Fällt dir was auf? Ist etwas anders als sonst? Die Farben? Die Atmosphäre? Welche Geräusche kannst du wahrnehmen?

13. Genieße den Tee bis zum allerletzten Schluck. Trinke ihn so, als wenn die Zeit niemals enden würde.

Und das ist das Magische an Bewusst-Sein. Je bewusster du wirst, desto länger werden dir die Tage vorkommen. Du hast bis dato teils das Gefühl gehabt, die Zeit rennt? Sie rennt dir davon? Tag um Tag. Jahr um Jahr. Wo ist die Zeit geblieben?

JETZT schau mal nach oben und zieh dir rein, wie intensiv man Zeit erleben kann. Und wie sich die gefühlte Wahrnehmung gegenüber Zeit sofort verändert in einem Maße, das dich zweifeln lässt, inwieweit Zeit überhaupt der Gradmesser für dein Leben ist.

Lies dir den Text oben noch mal durch. Wenn das Kochen von Tee auf eine so intensive, differenzierte und schöne Art und Weise zelebriert werden kann, was ist dann mit allen anderen Dingen, die du tust?

Dazu noch ein Tipp: Wenn du dir die Zähne putzt oder den Rasen mähst, dann tu dies so, wie es noch nie einer getan hat. Werde besser darin. Werde der Beste darin. Gib immer dein Bestes bei allem, was du tust, egal was. Gerade bei den Dingen, die dir vermeintlich unwichtig, zeitraubend und nervig erscheinen. Achtung, Ego-Konstrukt. Habe Respekt vor deinem Körper, deinem Garten, der Natur, dem Rasenmäher als sensible Technik. Und vor dir selbst. Du bist es wert, auch diese Dinge mit Freude und Hingabe zu tun.

Oh Mann, das ist schon etwas anstrengend, oder? Aber hab Vertrauen. Du wirst es ausprobieren, um zu erfahren, was da auf dich wartet. Aber du musst es ernst nehmen. Gib der Sache den nötigen Ernst und Respekt, das fördert dein Commitment und verhindert ein Abdriften ins Ego, in deine unbewussten Gedanken.

Du wirst nun bemerken, dass du in ein paar der genannten Situationen einen kurzen Flash hast. Trigger setzt ein. Du merkst es während des Zähneputzens oder beim nächsten Rasieren. Du erinnerst dich daran. Und dann: Nutze die Chance und wende das oben Beschriebene auf deine Situation an. Nimm alles wahr! Alles für sich und im Ganzen. Nutze dafür alle deine Sinne! Es geht nur über die Sinne. Sieh es dir an, hör es dir an, rieche es, schmecke es, fühle es. Du kannst fast immer alle deine Sinne nutzen in jeder Situation, in der du BIST und etwas machst.

Dauer: Da du etwas tust (übertragbar auf das Kaffeekochen), was du sowieso tust, ist der Mehraufwand zeitlich marginal. Für diese Tätigkeit sollten wir zwei Minuten mehr einplanen, um die Dinge bewusst und in Ruhe tun und genießen zu können.

Xperience
Schreibe hier deine Erfahrung mit der Einheit auf.

Wie hast du sie erlebt?

_____
_____

Gab es Probleme bei der Durchführung?

_____
_____

Was ist dir aufgefallen?

_____

_____

Wie fühlst du dich nach der Einheit?

_____

_____

Schicke dein Feedback auch gern direkt an uns: feedback@mindfulmen.de

8. Good Cop – Bad Cop

Hier in Farbe

Wo? Im Grunde überall möglich

Wann? Gut in Situationen, in denen du warten musst oder beobachten kannst.

Vorgehen
Du stehst oder sitzt irgendwo. Du lässt deinen Blick schweifen. Wenn dein Blick auf etwas fällt, das dich stört oder das du negativ findest (schlappe Blume im roten Kreis), suche bewusst den positiven Kontrapunkt (junges Grün an prächtigen Bäumen im grünen Kreis).

Simples Beispiel. Genau darum hervorragend geeignet, um das zu veranschaulichen. Dein Mindset ist möglicherweise noch so programmiert, dass du die negativen Umstände eher wahrnimmst als die positiven. Jede Szenerie, alles im Leben hat immer etwas Gutes und etwas Schlechtes oder weniger Gutes. Auch da wieder. Einheit. Nicht entweder- oder. Es ist immer beides da für das Gleichgewicht der Dinge.

So schön eine Situation auch ist, du wirst immer etwas daran finden können, was doof ist oder nicht so toll. Im Winter ist es die Kälte, im Sommer sind es die Mücken. HIER auf dem Bild hängt die olle Blume vergammelt in der Gegend rum und trübt meinen Gesamteindruck.

Oder gehen wir mal anders an die Sache ran. Wir wissen ja, dass alles, was wir wahrnehmen, im Ganzen immer Licht und Schatten mit sich bringt in der Einheit. Also betrachten wir das Ganze mal anders. Und zwar im Ganzen. Das Bild oben zeigt es. Wenn wir auf das Ganze schauen, alles wahrnehmen, alle Eindrücke, dann wird der Schatten (Gammelblume) zu einem Teil des Ganzen. Einem wichtigen Teil. Ohne die Blume, die stirbt, können keine neuen Pflanzen daraus hervorgehen und neu entstehen. Das ist der Kreislauf. Und das ist die Ganzheit. Die Einheit.

Willst du öfters mal wieder in deine innere Mitte? Dann sieh die Einheit in allem. Und zack siehst du dich auch selbst als Teil des Ganzen. Und schon bist du voll im Moment. Dir selbst und allem um dich herum vollkommen gewahr. Und ach, wenn das Bild oben nur das zeigt, was der optische Sinn filtert, so fehlen HIER natürlich alle anderen Sinne, die in der Situation angesprochen werden. Vielleicht auf die gleiche «Bad Cop – Good Cop» Art.

Die Vögel zwitschern, aber im Hintergrund schreit ein Kind unentwegt. Vom Mülleimer an der Seite kommen ab und an etwas unangenehme Gerüche herüber. Gefolgt von würzigen Düften der Pflanzen um dich herum, der salzigen Meeresluft oder dem Parfum deiner Frau, die neben dir sitzt. Kann sein, dass sich der Wind auf deiner Haut etwas kühl anfühlt, aber die Hand deiner Frau in deiner und die Sonnenstrahlen im Gesicht sind sehr angenehm.

Du siehst, es kommt ganz darauf an, wie du an die Sache herangehst. Es ist eine Entscheidung. Versuche das Schlechte, das Unangenehme nicht zu sehen, das Schreien des Kindes zu überhören, über die Gammelblume hinwegzusehen.

Das haben wir bereits gelernt. Wahrnehmen ja. Beurteilen nein. Nimm es wahr und akzeptiere es. Lass alles sein. So integrierst du die Schatten und kannst dann voll das Licht genießen.

Bedanke dich für alles, was dir HIER geschenkt wird. Bedanke dich für die wundervolle Natur, diese Szenerie mit allem, was es hat, bedanke dich für die schönen Düfte der Blumen und deiner Frau, für ihre Hand in deiner, für die Sonne im Gesicht und bei dem Kind, als es dann plötzlich aufhört zu weinen und beginnt fröhlich zu brabbeln.

Und vergib der Gammelblume, dass sie stirbt, dem Kind für das Rumplärren, den Menschen, die ihren stinkenden Müll hinterlassen haben, dem kalten Wind und dir selbst, dass du dich hast negativ davon beeinflussen lassen.

Nutzen
Innerer Frieden wird einkehren. Und die Erkenntnis, dass ja auch du nicht perfekt bist. Auch du bist ein wunderschön unperfektes Wesen, und das ist es doch, was das Leben auch so lebenswert macht.

Mit der Zeit siehst du die Gammelblume anders. Du siehst in ihr etwas anderes. So wie du dann auch alte Menschen anders wahrnehmen wirst. Kinder wirst du anders wahrnehmen, vor allem dann, wenn sie nicht so sind, wie wir sie immer haben wollen. Du wirst mehr Distanz zu den

Dingen gewinnen und sie doch intensiver erleben. Aber du gewinnst Freiheit. Die Freiheit, wieder selber zu entscheiden, WIE du die Dinge wahrnimmst und was das mit dir macht.

Damit legst du endlich die Opferrolle ab. Den Opfermantel, den du dir selber übergeworfen hast, mit dem Zepter des Widerstands und der Krone des falschen Stolzes. Das Gewand des Ego-Konstruktes. König Drama der Erste. Nein, du bist nicht länger von vermeintlich negativen externen Triggern abhängig. Du bist kein Opfer mehr. Du gehst voran und zeigst, wie es geht. Wie Mann das Zepter wieder in die Hand nimmt. Selbst entscheidet, was gut und richtig ist. Und dazu gehören nun mal gerade auch die Gammelblume und Co.

Kombination
Je nach Situation. In der hier beschriebenen bieten sich sowohl Breathwork als auch Mental Xercices an. Denk dich aber in eine andere Situation hinein, die auch anders wirkt, nämlich grundsätzlich erst mal schwierig oder nervig. Nicht so wie das Bild oben, wo alles erst mal angenehm erscheint. Du stehst an der Kasse. Schlange. Vermeintlich wieder wenig Zeit. Langsame Kassiererin. Die quatscht mit jedem Kunden ausgiebig. Na toll. Und doch. Genau jetzt kannst du Bad Cop – Good Cop anwenden. Du siehst erst den bösen Bullen in der Situation. Den Schatten. Nun schaue nach dem Licht. Meistens ist das Potenzial da, wo der meiste Schatten ist. Die Kassiererin. Sie ist vermeintlich der Schatten, doch hier ist sie das Licht. Sieh das Gute in ihr. Ihre kommunikative und freundliche Art, mit der sie anderen ein gutes Gefühl gibt.

Nun zurück zur Kombination. Nutze die Zeit, bis du das große Los gezogen hast, persönlich auf diese Kassiererin zu treffen und ihr Licht mit Licht zu beantworten.

Breathwork: 4711 und Box Breathing. Nutze die Zeit, in der du in der Schlange stehst. Mach dir einen Spaß daraus, eine Breathwork-Einheit einzulegen, während vor und hinter dir Menschen stehen. Mach es unauffällig, aber mach es. Mental Xercices. Diese Einheit hat Mental Xercises schon inklusive. Das hast du gemerkt, wenn du die Anleitung aufmerksam gelesen hast. THX, Affirm X sind nur zwei weitere Möglichkeiten, deinen Geist dahingehend zu steuern, dass er dir folgt und der Wahrnehmung gestattet, die ganze Situation auch anders zu sehen.

Dauer: Im Grunde kein zeitlicher Mehraufwand. Falls du die Einheit kombinierst, nimmst du dir zusätzlich Zeit für eine Einheit aus den genannten Bereichen. Diese hast du dann aber so kombiniert, dass eine Synergie, ein Mehrwert für dich entsteht.

Xperience

Schreibe hier deine Erfahrung mit der Einheit auf.

Wie hast du sie erlebt?

_____
_____

Gab es Probleme bei der Durchführung?

_____
_____

Was ist dir aufgefallen?

_____
_____

Wie fühlst du dich nach der Einheit?

_____
_____

Schicke dein Feedback auch gern direkt an uns: feedback@mindfulmen.de

9. Sunny Touch

Hier in Farbe

Wo? Überall da, wo du draußen sitzt, stehst, läufst, wartest.

Wann? Du wartest zum Beispiel am Bahnhof am Gleis auf den Zug. Du machst einen Spaziergang. Du trittst gerade aus deinem Firmengebäude heraus auf den Parkplatz.

Vorgehen
Seit vielen hunderten von Jahren nutzen Menschen die Kraft der Sonne, um ihre eigenen Energiespeicher aufzutanken. Um im Organismus Vitamin D zu erzeugen und die Glückshormone Serotonin und Dopamin auszuschütten. Auf natürliche Weise.

Die traditionellen Formen dieser Methode sehen es vor, direkt nach Sonnenaufgang und kurz vor Sonnenuntergang für einige Sekunden mit offenen Augen direkt in die Sonne zu schauen. Dabei ist die Belastung in einem vertretbaren Rahmen, aber der Effekt umso besser, mal abgesehen von diesem wunderbaren Schauspiel für unsere Augen.

Nehmen wir aber an, die Sonne steht höher, sie steht vielleicht richtig hoch, zentral am Himmel und strahlt intensiv herunter.

1. Schließe deine Augen.

2. Hebe deinen Kopf in Richtung Sonne.

3. Richte dein Gesicht so aus, dass du die maximal angenehme Wärme im Gesicht spürst.

4. Du bist ganz für dich, egal wer da noch sein mag. Im besten Falle folgen sie dir, weil du es machst und sie es sich nicht trauen. (Denk an die Power Pose).

5. Spüre die Wärme. Und du spürst, dass da noch mehr mit dir geschieht. Wenn du hinfühlst, weißt du, was die Sonnenstrahlen in deinem Organismus machen. Du kannst fühlen, dass du Energie erhältst, dass du Positivität erhältst. Lebensfreude. Optimismus. Motivation. Euphorie. Die Treibstoffe von Entscheidung und Handlung.

6. Verharre mindestens 60 Sekunden in dieser Pose. Zähle bis sechzig. Oder kombiniere die Einheit mit Breathwork und Mental Xercises.

Nutzen

Du wirst die Kraft der Sonne ganz anders wahrnehmen, wenn du dich ihr mal bewusst widmest und öffnest. Normal gehst du aus der Sonne. In den Schatten. Jetzt gehst du mit dem Gesicht bewusst in die Sonne. Der Sonne entgegen. Die Wärme im Gesicht, auf den Augen ist schon was Besonderes. Mach dich auf für diese pure Kraft von Lebensenergie.

Kombination

Breathwork: Albatros Methode, Stairway 2 Heaven Methode, während du dein Gesicht für 60 Sekunden in der Sonne hast.

Mental Xercises: X Cept, THX, Affirm X direkt nach der Breathwork-Einheit zum Abschluss. Lasse deinen Blick in der Sonne und die Augen geschlossen. Sprich leise in dich hinein.

Dauer: Innerhalb von ein bis zwei Minuten umsetzbar.

Xperience

Schreibe hier deine Erfahrung mit der Einheit auf.

Wie hast du sie erlebt?

_____

_____

Gab es Probleme bei der Durchführung?

_____

_____

Was ist dir aufgefallen?

_____

_____

Wie fühlst du dich nach der Einheit?

_____

_____

Schicke dein Feedback auch gern direkt an uns: feedback@mindfulmen.de

10. Ground Zero

Wo? Zuhause, im Büro

Wann? Jederzeit

Vorgehen

1. Im Idealfall findest du für diese Einheit einen Raum, in dem du alleine bist und in dem ein Teppich liegt. Das muss aber nicht sein.

2. Lege dich mit dem Bauch auf den Boden, so dämlich dir das auch vorkommt. Es ist nicht dämlich. Es ist nur neu für dich.

3. Breite die Arme nach links und rechts im 90° Winkel aus. Wie ein Adler.

4. Lege den Kopf auf die Seite. Rechts oder links, ganz egal.

5. Schließe die Augen. Atme ruhig oder starte mit einer Breathwork-Einheit. Hier eignet sich zum Beispiel die Box Breathing-Einheit.

6. Du bist JETZT ruhig und bewusst bei dir in diesem Moment.

7. Fühle nun deinen gesamten Körper auf dem Boden liegen. Durch den Kontakt zu dem Boden kannst du deinen Körper von oben bis unten komplett spüren.

8. Die Erde unter dir zu fühlen heißt, die ganze Welt fühlen zu können. Denn alles ist miteinander verbunden, das kannst du gern glauben.

9. Fühle diese ursprüngliche Verbindung für eine Weile.

10. Verbinde diesen bewussten Zustand mit einer Einheit aus den «Mental Xercises». Dafür empfehlen wir dir «THX».

Nutzen
Du verbindest dich physisch direkt mit der Erde. Du bekommst Bodenhaftung, Sicherheit, Geborgenheit und Halt. Das fördert dein Vertrauen und deinen Fokus darauf, wo du JETZT gerade bist.

Kombination
Breathwork: Box Breathing

Mental Xercises: THX

Dauer: Innerhalb von drei Minuten umsetzbar.

Xperience
Schreibe hier deine Erfahrung mit der Einheit auf.

Wie hast du sie erlebt?

_____
_____

Gab es Probleme bei der Durchführung?

_____
_____

Was ist dir aufgefallen?

_____
_____

Wie fühlst du dich nach der Einheit?

_____

_____

Schicke dein Feedback auch gern direkt an uns: feedback@mindfulmen.de

Breathwork – Der Anker

Diese Einheiten sind für dich gerade zu Anfang am besten in den Alltag integrierbar, wenn es darum geht, dass du wirklich nur kurze Slots effektiv für dich nutzen kannst und willst.

Genauso gut kannst du Breathwork natürlich auch ideal mit Conscious Training und «Mental Xercices» verbinden. Dazu hast du im letzten Abschnitt bereits einige Kombinationsmöglichkeiten gefunden.

Breathwork heißt, deine Absicht und Aufmerksamkeit aktiv auf die Atmung zu fokussieren. Wie oft am Tag atmest du bewusst? Und bewusst heißt auch, tiefer ein- und auszuatmen, nicht so kurz und flach wie den Rest des Tages. Bewusst zu atmen führt dauerhaft automatisch zu steigendem Bewusst-Sein, mit allen im ersten Teil beschriebenen positiven Effekten. Dir ist sicher die Atmung bei Darth Vader aufgefallen. Und warum? Weil er hörbar ein- und ausatmet. Das kannst du auch. Möge die Macht mit dir sein. Immer!

Breathwork-Einheiten müssen wie bei klassischer Meditation nicht zweimal am Tag je 15 Minuten dauern oder einmal 30 Minuten oder gar noch länger. Die folgenden Einheiten dauern im Schnitt ein bis zwei Minuten und so kannst du sie ganz einfach mitten in deinen Alltag integrieren. Es gibt so viele kurze Lücken über den Tag, die du dir zu Nutze machen kannst. Beispiel gefällig?

> Im Badezimmer:
> Platziere vorab einen Mindful Move, den du nicht übersehen kannst (siehe Trigger), im Badezimmer. Das könnte z. B. ein Triggersymbol auf dem Becher sein, in dem deine Zahnbürste steht. Der Trigger holt dich ins Bewusst-Sein. Nutze den bewussten Moment.

Ob du nun deine Geschäfte erledigst oder dir die Zähne putzt. Du bist in der Regel für mindestens fünf bis zehn Minuten für dich und das mindestens zweimal am Tag. Wenn nicht, sorge dafür! Anstatt dir nun schon Gedanken darüber zu machen, was dich bei der Arbeit erwartet, oder dir ein weiteres graues Haar im Spiegel auffällt (alles Äußerlichkeiten), nutze nur drei von den zehn Minuten, um etwas bewusster zu werden und deine innere Mitte zu stärken.

Du brauchst noch mehr Infos, wie genau du bewusste Atmung angehst? Wie tief atmet man ein oder aus, wie ist die Körperhaltung im Idealfall? Dann folge doch gern dem QR-Code und lies dich zu dem Thema noch etwas ein. In diesem Beispiel findest du (war so nicht bewusst beabsichtigt) sogar genau den Ansatz zur Atmung, den wir uns im folgenden Beispiel (4711) widmen.

Richtig atmen

4711-Methode

Vorgehen:

1. Vier Sekunden einatmen
2. Sieben Sekunden ausatmen
3. Elfmal wiederholen

Dabei:

- Augen schließen oder einen Punkt fixieren
- durch die Nase tief in den Bauch einatmen
- durch den Mund komplett ausatmen
- mit den Fingern die Wiederholungen mitzählen

Dauer: 121 Sekunden

Video 4711 Methode

Xperience

Schreibe hier deine Erfahrung mit der Einheit auf.

Wie hast du sie erlebt?

_____

_____

Gab es Probleme bei der Durchführung?

_____

_____

Was ist dir aufgefallen?

_____

_____

Wie fühlst du dich nach der Einheit?

_____

_____

Schicke dein Feedback auch gern direkt an uns: feedback@mindfulmen.de

Stairway 2 Heaven-Methode

Vorgehen:
1. Vier Sekunden einatmen
2. Sechs Sekunden Atem anhalten
3. Acht Sekunden ausatmen
4. Fünfmal wiederholen

Dabei:
- Augen schließen oder einen Punkt fixieren
- durch die Nase tief in den Bauch einatmen
- durch den Mund komplett ausatmen
- mit den Fingern die Wiederholungen mitzählen

Dauer: 90 Sekunden

Video Stairway 2 Heaven Methode

Xperience

Schreibe hier deine Erfahrung mit der Einheit auf.

Wie hast du sie erlebt?

_____

_____

Gab es Probleme bei der Durchführung?

_____

_____

Was ist dir aufgefallen?

_____

_____

Wie fühlst du dich nach der Einheit?

_____

_____

Schicke dein Feedback auch gern direkt an uns: feedback@mindfulmen.de

Box Breathing-Methode

Vorgehen:
1. Vier Sekunden einatmen
2. Vier Sekunden halten
3. Vier Sekunden ausatmen
4. Vier Sekunden halten
5. Viermal wiederholen

Dabei:
- Augen schließen oder einen Punkt fixieren
- durch die Nase tief in den Bauch einatmen
- durch den Mund komplett ausatmen
- mit den Fingern die Wiederholungen mitzählen

Dauer: 64 Sekunden

Video Box Breathing-Methode

Xperience

Schreibe hier deine Erfahrung mit der Einheit auf.

Wie hast du sie erlebt?

_____

_____

Gab es Probleme bei der Durchführung?

_____

_____

Was ist dir aufgefallen?

_____

_____

Wie fühlst du dich nach der Einheit?

_____

_____

Schicke dein Feedback auch gern direkt an uns: feedback@mindfulmen.de

Albatros-Methode

Vorgehen:
　1. Zwei Sekunden einatmen
　2. Zwei Sekunden Atem halten
　3. Zwei Sekunden ausatmen
　4. Zwei Sekunden Atem halten
　5. Zwölfmal wiederholen

Dabei:
　◦ Augen schließen oder einen Punkt fixieren
　◦ durch die Nase tief in den Bauch einatmen
　◦ durch den Mund komplett ausatmen
　◦ mit den Fingern die Wiederholungen mitzählen

Dauer: 96 Sekunden

Albatros-Methode

Xperience

Schreibe hier deine Erfahrung mit der Einheit auf.

Wie hast du sie erlebt?

_____

_____

Gab es Probleme bei der Durchführung?

_____

_____

Was ist dir aufgefallen?

_____

_____

Wie fühlst du dich nach der Einheit?

_____

_____

Schicke dein Feedback auch gern direkt an uns: feedback@mindfulmen.de

Blasebalg-Methode

Vorgehen:
1. 30-mal schnell ein- und ausatmen
2. mind. 30 Sekunden eine Minute Atem halten
3. Dreimal wiederholen

Dabei:
- Augen schließen oder einen Punkt fixieren
- durch die Nase einatmen
- durch den Mund ausatmen
- im Geist oder mit den Fingern die Wiederholungen der Atmungen mitzählen

Dauer: 180 Sekunden

Video Blasebalg-Methode

Xperience

Schreibe hier deine Erfahrung mit der Einheit auf.

Wie hast du sie erlebt?

_____

_____

Gab es Probleme bei der Durchführung?

_____

_____

Was ist dir aufgefallen?

_____

_____

Wie fühlst du dich nach der Einheit?

_____

_____

Schicke dein Feedback auch gern direkt an uns: feedback@mindfulmen.de

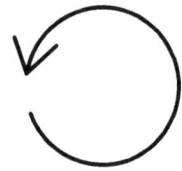

Reset-Methode

Vorgehen:

    1. Fünf Sekunden tief einatmen

    2. Alle Muskeln gleichzeitig anspannen

    3. Von 5 bis 1 runterzählen

    4. Die Luft schlagartig ausstoßen

    5. Fünfmal wiederholen

Dabei:

- Augen schließen oder einen Punkt fixieren
- durch die Nase tief in den Bauch einatmen
- durch den Mund komplett ausatmen
- mit den Fingern die Wiederholungen mitzählen

Dauer: ca. 60 Sekunden

Video Reset-Methode

Xperience

Schreibe hier deine Erfahrung mit der Einheit auf.

Wie hast du sie erlebt?

_____

_____

Gab es Probleme bei der Durchführung?

_____

_____

Was ist dir aufgefallen?

_____

_____

Wie fühlst du dich nach der Einheit?

_____

_____

Schicke dein Feedback auch gern direkt an uns: feedback@mindfulmen.de

Bienenton-Methode

Vorgehen:

1. Vier Sekunden einatmen
2. Dabei einen bienenartigen Ton/Schnarchton erzeugen (Klang männlicher Biene)
3. Zehn Sekunden ausatmen
4. Dabei Summton erzeugen (Klang einer weiblichen Biene)
5. Achtmal wiederholen

Dabei:

- Augen schließen oder einen Punkt fixieren
- durch die Nase tief in den Bauch einatmen
- durch den Mund komplett ausatmen
- mit den Fingern die Wiederholungen mitzählen

Dauer: 112 Sekunden

Video Bienenton-Methode

Xperience

Schreibe hier deine Erfahrung mit der Einheit auf.

Wie hast du sie erlebt?

_____
_____

Gab es Probleme bei der Durchführung?

_____
_____

Was ist dir aufgefallen?

_____
_____

Wie fühlst du dich nach der Einheit?

_____
_____

Schicke dein Feedback auch gern direkt an uns: feedback@mindfulmen.de

Darth Vader-Methode

Vorgehen:
1. Beim Ein- und Ausatmen mit geschlossenem Mund einen durchgängigen Reibelaut/Hauchgeräusch erzeugen
2. Dafür werden die Muskeln der Stimmritze verengt
3. Auf diese Art sechs Sekunden einatmen
4. Auf diese Art sechs Sekunden ausatmen
5. Sechsmal wiederholen

Dabei:
- Augen schließen oder einen Punkt fixieren
- durch den Mund einatmen
- durch den Mund ausatmen
- mit den Fingern die Wiederholungen mitzählen

Dauer: 72 Sekunden

Video Darth Vader-Methode

Xperience

Schreibe hier deine Erfahrung mit der Einheit auf.

Wie hast du sie erlebt?

_____

_____

Gab es Probleme bei der Durchführung?

_____

_____

Was ist dir aufgefallen?

_____

_____

Wie fühlst du dich nach der Einheit?

_____

_____

Schicke dein Feedback auch gern direkt an uns: feedback@mindfulmen.de

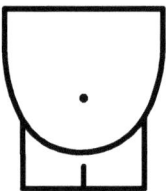

Bud Spencer-Methode

Vorgehen:
1. Hände auf den Bauch legen
2. Kontakt zwischen Hand und Bauch fühlen
3. Vorstellen, wie der Atem an den Rippen entlang in den Bauch kommt
4. Sechs Sekunden tief in den Bauch einatmen
5. Sechs Sekunden tief und kräftig ausatmen
6. Achtmal wiederholen

Dabei:
- Augen schließen oder einen Punkt fixieren
- durch die Nase tief in den Bauch einatmen
- durch den Mund komplett ausatmen
- mit den Fingern die Wiederholungen mitzählen

Dauer: 96 Sekunden

Video Bud Spencer-Methode

Xperience

Schreibe hier deine Erfahrung mit der Einheit auf.

Wie hast du sie erlebt?
_____
_____

Gab es Probleme bei der Durchführung?
_____
_____

Was ist dir aufgefallen?
_____
_____

Wie fühlst du dich nach der Einheit?
_____
_____

Schicke dein Feedback auch gern direkt an uns: feedback@mindfulmen.de

Mental Xercises – Der Verstand

Wer seine Gedanken kontrolliert, kontrolliert seine Gefühle. Mental Xercises sind Einheiten, um proaktiv im Verstand zu arbeiten und mit positiven Affirmationen ein Upgrade im Unterbewusst-Sein zu erreichen. Mit Affirmationen können Programmierungen, also bisher bestehende Glaubenssätze, überschrieben werden. Mental Xercises sind sowohl Geistesübungen als auch Affirmationen, also positiv formulierte Zustände, die wir uns in einer Einheit selber im Geist vorlesen. Wir werden dir eine größere Anzahl an Affirmationen mitgeben, aus denen du individuell für deinen Typ auswählen kannst. Du kannst sie sehr gut mit Breathwork und Conscious Training kombinieren, indem du sie direkt daran anschließt. Die Breathwork steigert dein Bewusst-Sein im gegenwärtigen Augenblick, die Mental Xercises nutzen das erhöhte Bewusst-Sein, um geistige Ziele zu formulieren. Diese festigen sich in dieser Kombination besser und haben damit einen nachhaltigeren Impact.

1. 1st Aid X (Erste-Hilfe-Kit)

Wo? Überall da, wo es brenzlig wird.

Wann? Wenn dir (evtl. schon durch etwas Training) in einer Alltagssituation auffällt, dass du …

- dich im Stress gerade vollkommen verlierst und dadurch in Gefahr gerätst, vollkommen unbewusst zu werden.
- dich dabei ertappst, dass du nicht im HIER und JETZT, sondern mental in Zukunft oder Vergangenheit bist.
- nicht im Moment lebst und diesen genießt, sondern nur noch planst …

Inhalt Kit

Malen wir den Deibel nicht an die Wand. Aber wenn wir über negative Konsequenzen von Unbewusst-Sein sprechen, dann sehen wir ja nicht umsonst zahlreiche Fälle von Powermännern, die irgendwann die Segel strecken, zusammenklappen, einen Kurzschluss bekommen oder Schlimmeres.

Losgehen kann das auch mit einer Panikattacke oder einer Angststörung. Klingt ganz weit weg, schon klar. Apparat läuft, Software intakt, Kameras an. Aber überhitze das System zu lange am Stück über zu lange Zeiträume und das geht auch nicht ewig gut.

Anyways. Du sollst hier für den Worst Case einen Erste-Hilfe-Koffer in die Hand bekommen, den du dir genau anschauen kannst und dann in deinem Hinterstübchen überall bei dir hast, ohne dass du ihn bemerkst. Falls du dann irgendwann Erste Hilfe brauchst, hast du die entsprechenden Maßnahmen gleich zur Hand.

1. Triggerbild: ein Ort oder Bild, mit dem du positive Assoziationen verbindest. Wähle dafür ein festes Bild, das du wiederholt anwenden kannst.
   - z. B. das Bild vom Meer und den Wellen, die auf dich zukommen
   - ein Foto von deiner Familie
   - ein Ort, an dem du immer gerne warst und wo du dich wohlfühlst

2. Kurze Breathwork-Einheit (siehe Abschnitt Breathwork): Bud Spencer-Methode

3. Positive Affirmation: «Danke, dass ich hier bin.», «Ich bin im HIER und JETZT.»

4. Knöpfe drücken: Klopfe mit Zeige-, Mittel- und Ringfinger nacheinander auf verschiedene Punkte im Gesicht:
   - kurz oberhalb der Augenbrauen
   - im Bereich der Schläfen
   - unterhalb der Augen
   - am Schnurrbart-Bereich
   - im Bereich unmittelbar unter der Unterlippe

Vorgehen
1. Stelle dir dein Triggerbild vor. Im Idealfall mit geschlossenen Augen. Mit etwas Übung funktioniert es auch mit offenen Augen.
2. Atme nach Anleitung der Breathwork-Einheit Bud Spencer-Methode.
3. Sage dir direkt laut oder im Geist beide Affirmationen im Wechsel vor.
   ⇨ Falls du die Breathwork-Einheit noch nicht so beherrschst und es dir daher schwerfällt die Atmung zu zählen und gleichzeitig die Affirmationen zu sagen/denken, mache erst die BW-Einheit und dann die Affirmationen.
4. Sofern die Situation es hergibt, klopfe dann nacheinander die Punkte im Gesicht mit den Fingern ab.

Nutzen
Sollte es mal eng werden, solltest du merken, dass du die Kontrolle verlierst, dir schwindelig wird, dich Angst oder Panik überkommt, du in Schweiß ausbrichst, dann hast du hiermit ein Kit am Start, dass dich schnell wieder zu dir bringt und dir Halt gibt. Du kannst damit bei hohem Wellengang einen Bewusst-Seins-Anker auswerfen.

Kombination
Wie beschrieben mit Breathwork und Mental Xercises.

Breathwork: Bud Spencer-Methode

Mental Xercises: Affirm X

Dauer: 150 Sekunden

Für diese Übung kannst du dir sehr gut vorher das Video ansehen, das du unter diesem QR-Code findest:

Video 1st Aid X

Xperience
Schreibe hier deine Erfahrung mit der Einheit auf.

Wie hast du sie erlebt?

_____

_____

Gab es Probleme bei der Durchführung?
_____
_____

Was ist dir aufgefallen?
_____
_____

Wie fühlst du dich nach der Einheit?
_____
_____

Schicke dein Feedback auch gern direkt an uns: feedback@mindfulmen.de

2. Affirm X (Upgrade fürs Unterbewusst-Sein)

Die Einheit ist sehr wichtig und daher sehr ausführlich. Warum? Der Verstand ist mächtig. Und das weiß er auch. Dinge, an die wir unbewusst glauben, heißen Glaubenssätze. Unbewusst heißt, dass wir das so erlernt und integriert haben. Es wurde uns beigebracht, oder wir sind anhand von Informationen und Erfahrungen zu der jeweiligen Überzeugung gelangt. An sich erst mal nicht schlimm, oder? Kann man ja auch wieder ändern. Aber so leicht macht es uns der Verstand nicht. Wir können schließlich nicht jeden Tag unsere Meinung zu Menschen und Dingen ändern. Dann endeten wir doch im Chaos und wären die Könige der Unglaubwürdigkeit.

Nun, wie dieses Buch im Kern zeigt, liegt die Wahrheit wieder mal in der Mitte. Weder müssen wir jeden Tag all unsere Überzeugungen über Bord werfen, noch sollten wir zwanghaft an allem festhalten, was uns selber nicht guttut. Setzen wir da an. Was uns nicht guttut, resultiert aus schlechten Angewohnheiten, also Dingen, die wir tun. Verhalten. Entscheidungen. Mit Auswirkungen auf unsere äußere Welt. Das Verhalten leitet sich aber ursächlich ab von dem, woran wir glauben. Und glaub mir, du glaubst an Vieles. Daraus entstehen unterbewusst Überzeugungen, aus denen sich immer die gleichen Entscheidungen und Handlungen ableiten mit den logischen Konsequenzen in unserer äußeren Welt.

Bis hier d´accord? Nachvollziehbar? Unser Ego-Konstrukt, also unser unbewusster Verstand, unterscheidet nicht, welche Glaubenssätze uns und anderen guttun und welche nicht. Stell dir deinen Verstand vor wie ein Betriebssystem. Das läuft mit einem festen Code. Anhand dieses Algorithmus ist festgelegt, welche Entscheidung/Handlung unter welchen Voraussetzungen ausgeführt wird. Nur wenn einzelne Abschnitte, einzelne Grundbefehle in dem Quellcode geändert werden, können daraus auch andere Befehle und damit Handlungen ausgeführt werden.

Wir müssen an den Quellcode ran. Das gelingt uns über das Conscious Training und die Breathwork. Wenn wir uns darauf einlassen, gehen wir auch an unsere Emotionen ran.

Und aufgepasst, denn das ist sehr wichtig! Nur über die Emotionen kommen wir auch an den unbewussten Verstand heran. Nur die Programmierung ändern funktioniert nicht nachhaltig. Die Ursachen für unsere Glaubenssätze sind Gefühle, die wir hatten, als wir diese Glaubenssätze angenommen haben. Meist zum Schutz, um Anerkennung und Bedeutung zu bekommen, um geliebt zu werden.

Wenn wir also an unseren Quellcode ranwollen, um Programmierungen anzupassen, damit die unterbewussten Befehle zu guten Handlungen für uns führen, dann geht das nur Hand in Hand mit der Integration von vergessenen, verdrängten und kontrollierten Emotionen.

Das Geheimnis von Affirmationen, also der Umprogrammierung der Glaubenssätze ins Positive, ist damit leicht zu verstehen. Die mentale Programmierung muss auch gefühlt werden. Nur dann kann sie sich manifestieren. Aber auch hier keine Panik. Du musst JETZT keine Schwitzhütten besuchen oder ins buddhistische Kloster gehen. Es ist auch so erlernbar. Da gibt es ein paar Tricks, die schnellen Erfolg bringen.
Wo? Überall da, wo auch Platz für eine Mindful Minute ist. Überall da, wo du kurz für dich bist. Und sei es im Geiste in der Schlange an der Kasse im Supermarkt.

Wann? Immer dann, wenn auch Platz für eine Mindful Minute ist. Immer dann, wenn du kurz für dich bist. Und sei es im Geiste in der Schlange an der Kasse im Supermarkt.

Vorgehen
1. Zunächst ist es wichtig, zumindest exemplarisch einen hindernden Glaubenssatz zu identifizieren. Achte drauf, was du über den Tag so alles zu dir selber sagst. Auch HIER gilt wieder: Die Arbeit in den genannten zwei Bereichen (CT & BW) führen zu einem steigenden Selbst-Bewusst-Sein. Das wiederum hilft dir erst dabei, die Momente zu identifizieren, in denen du einen negativen Glaubens-

satz unbewusst formulierst. Etwas schwer zu erfassen, zugegeben. Du nimmst bewusst dein Unbewusst-Sein wahr. Unlogisch? Eher ist es so, dass kurz nach deiner unbewussten Äußerung deine bewusste Alarmanlage losgeht. Das Bewusst-Sein ertappt dein Unterbewusst-Sein beim Abspulen der hindernden Software. Sorge dich also nicht, selbst wenn dir JETZT kein Glaubenssatz einfällt, den du regelmäßig abspulst. Du wirst dich dabei ertappen.

2. Als Hilfestellung für dich hier ein paar negative Glaubenssätze, die gerade wir Powermänner gerne im mentalen Verstand formulieren:

- Ich kann tun, was ich will, ich werde nie vollends glücklich damit sein.
- Ich habe nie genug Zeit. Ich mache soviel es geht in der Zeit, die ich habe.
- Ich habe keine Zeit, um anderen zu helfen. Ich kann nicht immer nur geben.
- Ich kann mein Glück nicht beeinflussen. Ich bin machtlos.
- Ich sehe den Wald vor lauter Bäumen nicht. Ich bin völlig blockiert.
- Ich weiß gar nicht mehr, was Erfolg für mich eigentlich bedeutet.
- Ich glaube an das, was mir über Erfolg gesagt wurde, nämlich hart zu arbeiten.
- Ich gerate ständig an Menschen, die mich ausnutzen.
- Ich habe keine Zeit für Erholung. Ich muss alles am Laufen halten.
- Ich kann mich anderen gegenüber nicht zu sehr öffnen, das macht mich angreifbar.
- Ich stelle mich hinten an. Zunächst mal habe ich Verantwortung für andere.

Sehr beliebt im Ego-Konstrukt sind auch Pauschalen und Verallgemeinerungen:

- Warum muss immer alles so kompliziert sein?
- Ich muss das tun. Ich habe keine Wahl. Ich bin ausgeliefert.
- Ich muss immer nur die Erwartungen anderer erfüllen.
- Manchmal weiß ich gar nicht mehr, was richtig ist.

- Manchmal habe ich Angst, mich völlig zu verlieren.
- Ich bin total ungeduldig. Bei anderen noch mehr als bei mir.
- Ich kann es doch eh keinem recht machen.

Dies ist nur ein kleiner Auszug von unzähligen negativen Glaubenssätzen, die wir täglich wie ein Mantra vor uns hinbeten. Meistens im Geiste, damit es keiner hört.

3. Findest du dich irgendwo wieder? Dann markiere diese Glaubenssätze mit einem Stift oder Marker deutlich. Mach sie dir sichtbar.

Notiere hier weitere hindernde Glaubenssätze, die du dir täglich selber einredest:

_____

_____

_____

_____

_____

_____

4. Für die mentale Umprogrammierung ist es wichtig, die negativen Glaubenssätze in eine positive Wertung umzuformulieren. Diese Formulierungen nennen sich Affirmationen. Hier folgen nun die passenden Affirmationen zu den oben stehenden Glaubenssätzen in derselben Reihenfolge:

- Ich habe es verdient, ein glückliches und erfülltes Leben zu genießen.
- Meine Zeit ist unendlich wertvoll und ich setze sie weise ein.
- Ich helfe jeden Tag mindestens einem Menschen. Ich gebe bedingungslos.
- Ich übernehme die Verantwortung für mein Glück.
- Ich bin voller Ideen und Lösungen.
- Ich definiere meine eigene Version von Erfolg.

- Ich muss nicht immer und hart arbeiten, um Erfolg zu haben. Ich kann auch smart arbeiten und Spaß daran haben.
- Ich ziehe stets die richtigen Menschen und Umstände in mein Leben.
- Ich weiß, wann es Zeit für Erholung ist, und genieße die Auszeiten, die ich mir gönne. Ich habe das verdient.
- Ich führe erfüllende Beziehungen, die mir guttun. Ich bin offen und immer im Vertrauen gegenüber der Welt.
- Ich achte auf mich und meine Bedürfnisse. Ich darf auch an mich denken.

Achtung, Achtung, an alle Pauschalen und Verallgemeinerungen:

- Es darf leicht sein. Es darf Spaß machen.
- Ich bin jederzeit frei, zu wählen.
- Ich darf es völlig anders machen, als es von mir erwartet wird.
- Ich bin in Kontakt mit mir und vertraue meiner inneren Weisheit.
- Ich bin vollkommen klar und fokussiert.
- Ich bin geduldig mit mir und anderen.
- Ich bin gut so, wie ich bin.

Viel Holz, verehrte Holzhacker

Aber greift rein in den Stapel und nehmt euch die für euch besten Scheite heraus. Hauptsache, ihr habt etwas in Händen, mit dem ihr ein erstes mentales Feuerchen entfachen könnt. Die emotionale Grundglut entwickelt sich dann währenddessen. Habt keine Angst. Wir sind nicht allein.

Und weil du ja Herausforderungen liebst, hier noch ein paar zusätzliche positive Affirmationen, die sich für uns Mindful Men bereits bewährt haben:

- Ich liebe mich und gehe meinen eigenen Weg.
- Ich trage mein Licht in die Welt und ermutige dadurch andere, dasselbe zu tun.
- Ich erschaffe großen Wert für mich und andere. Mein Einkommen wächst dadurch stetig.

- Ich wähle meine Gedanken bewusst, denn sie erschaffen meine Realität.
- Ich bin stolz auf alles, was ich schon erreicht habe, und blicke positiv in die Zukunft.
- Ich liebe es, meine Ideen umzusetzen. Ich bringe damit viel Gutes in die Welt.

Auch hier wieder: Markiere dir alle Affirmationen, die dich persönlich ansprechen. Du kannst das gut ableiten, wenn du auf die hindernden Glaubenssätze schaust, die du zuvor markiert hast. Im Normalfall üben die entsprechenden Affirmationen eine Strahlkraft auf dich aus. Hör auf die Stimme ...

HIER ist ein erster Platz für dich, eigene Affirmationen aufzuschreiben. Tipp: Schau dir an, welche individuellen hindernden Glaubenssätze du identifiziert und oben notiert hast. Formuliere schließlich hier das genaue Gegenteil davon:

_____

_____

_____

_____

_____

5. Um dein Ego-Konstrukt, deinen unbewussten Verstand, deine negative Programmierung zu überschreiben, musst du damit beginnen, dir die positiven Affirmationen laut oder im Geiste vorzulesen. Dein Verstand wird darüber zunächst nicht erfreut sein. Gegen die Programmierung zu agieren, kann zu «Fehlermeldungen» führen, im schlimmsten Fall zum Bluescreen. Aber riskiere es. Ohne deinen Mut und deine Hingabe kein Update im Unterbewusst-Sein.

Folgende Szenarien sind dabei für dich möglich:

- Du verbindest diese Mental Xercise mit Einheiten im Conscious Training und der Breathwork. Das ergibt SINN, denn du bist in diesen Momenten in einem höheren Bewusst-Sein und das ist die Chance für dich, ein Upgrade vorzunehmen.
- Durch dein steigendes Selbst-Bewusst-Sein im Zuge des BIC-Process erwachst du kurz in den Momenten, in denen du hindernde Glaubenssätze abspulst. Du bemerkst es, nimmst es wahr. Deine Chance für ein Upgrade.
- Du beschäftigst dich wie hier gerade bewusst mit deinen negativen Glaubenssätzen. Das ist eine bewusste, klare Arbeitseinheit und du kannst dann in der zweiten Hälfte deine Schlüsse ziehen und neue positive Affirmationen im Geist formulieren.

Auch wenn all dem etwas Vorarbeit zugrunde liegt, so sind die Einheiten an sich absolut in deinen Alltag integrierbar. Beispiel gefällig?

- Du hast mit etwas Vorarbeit (arbeiten tust du ja gern, also komm) eine Liste mit hindernden Glaubenssätzen und daraus resultierend eine Liste von Affirmationen für dein Upgrade im Unterbewusst-Sein gefiltert (Bist du bei der Sache, ist das eine Sache von 30 Minuten. 30 Minuten! So what?).
- Du hast bereits mit einfachen Einheiten im Conscious Training und in der Breathwork begonnen. Das ist gut. Das hilft. Nicht nur weil du selbst-bewusster wirst. Du hast hier eine Andockstation für deine Mental Xercises. Du kombinierst eine CT-Einheit mit einer BW-Einheit und schiebst anschließend im höheren Bewusst-Sein deine positive Affirmation hinterher. So hat sie mehr Impact, gelangt tiefer ins Unterbewusst-Sein. Die Kombination aus den drei Einheiten kann dennoch innerhalb von zwei Minuten erfolgen.

6. Lies dir deine erste Auswahl (drei bis fünf Affirmationen zum Start) laut oder im Geiste vor. Wiederhole das einige Male, sodass du damit ca. eine Minute beschäftigt bist.

7. Das Entscheidende aber haben wir bereits erwähnt. Wenn du dich damit nur im Verstand aufhältst, also auf mentaler Ebene, können sich die neuen Programmierungen nicht setzen. Dein Motherboard braucht ebenfalls ein Upgrade. Oder sagen wir besser, es muss emotional auf Werkseinstellungen zurückgesetzt werden. Zurück zur inneren Mitte. Zu deinem Kern.

Du musst lernen, das, was du denkst, auch in genau dem Moment zu fühlen.

Wie soll das gehen? Wir sind doch nicht gerade die Meister im Fühlen, lautet ein negativer Glaubenssatz ...

Aber du kannst das lernen. Erster Tipp, auch wenn er etwas komisch klingt. Du kannst das Fühlen im Körper aktivieren. Dazu eine kleine Übung (aus dem Tantra).

- Atme tief ein. Mit tief meinen wir ganz tief bis hinunter in den Bauch. Spüre wie dein Bauchraum sich mit Luft füllt. Stelle dir dabei vor, wie Energie vorne in deinem Körper mit deinem Atem bis runter in den Bauch fließt.
- Nun spanne den Bereich zwischen Säckle und Darmstadt (nennt sich Damm) bewusst an. Das fühlt sich an, als würdest du deinen Schließmuskel anspannen. Das kannst du.
- In dem Moment, wo du das tust, atmest du bewusst lang und regelmäßig aus und stellst dir vor, wie die Energie von vorne unten nach hinten zum Becken und mit dem Atem hinten nach oben an deiner Wirbelsäule entlang zurück nach oben fließt.
- Lies das noch mal durch. Verstehe es. Die Energie, mitgetragen auf deinem Atem, wandert in der vorderen Körperhälfte nach unten bis in den unteren Bauch. Dann mit Anspannen der privaten Stelle nach hinten und mit Ausatmen über die Wirbelsäule nach oben zurück.
- Damit schaffst du eine Energie-Zirkulation über deine bewusste Atmung, unterstützt durch deine mentale Visualisierung.
- Jetzt aber passiert etwas Neues. In dem Moment, wo du den Damm anspannst und ausatmest, kannst du Emotion erzeugen.

Du spürst die Energie als Gefühl und es wird dich zittern oder positiv erschaudern lassen.
- Genau in diesem Moment formulierst du deine zuvor festgelegte(n) neuen, positiven Programmierungen im Geiste. Wiederhole dies ein paar Mal. Du wirst besser.

Ziehst du das in Kombination mit CT und BW nur eine Woche täglich durch, dann hast du am Ende dieser Woche mit Vorbereitung und Einführung round about eine Stunde investiert. Eine Stunde. Eine einzige Stunde in einer Woche. Nennt sich Quality Time. Für dich und den Rest deines Lebens. Ab da kommst du wie vorhergesagt auf ca. fünf Minuten pro Tag mit der Kombination verschiedener Einheiten aus den vier Bereichen der Mindful Minute (zweite Ebene). Mitten im Alltag. Kompatibel. Läuft.

Diese Einheit in ihrer Komplexität und Tiefe ist wichtig. Lies sie dir mehrfach durch. Es muss SINN ergeben für dich. GEH DAVON AUS, dass da etwas Wichtiges auf dich wartet. Etwas Nachhaltiges.

Nutzen
Mehr Power. Mehr Antrieb. Mehr intrinsische Motivation. Mehr persönliche Zufriedenheit. Steigender Genuss des selbstdefinierten Erfolgs. Mehr Entfaltung von Sinn und Potenzial in deinem Leben. Eine bewusstere Lebensgestaltung mit allen positiven Folgen für dich und andere.

Kombination
Hier eine Musterkombination in dieser anspruchsvollen Konstellation:

- Du bist im Wald (oder du schaust dir das Video dazu an) und machst die Conscious Training-Einheit Treetop Watching. Du schaust also hoch in die Baumkronen und nimmst über deine Sinne alles auf. Das gleichmäßige Wanken der Baumkronen, das Rauschen vom Wind in den Blättern, der Duft aus den ätherischen Ölen der Pflanzen und Bäume. Du spürst den Wind auch an den Händen und im Gesicht.
- Diesen bewussten Moment deiner Wahrnehmung kombinierst du mit einer Breathwork-Einheit. Du wählst die Darth Vader-Methode, weil du HIER ungestört bist und deine Atemgeräusche im

Wind untergehen. Diese Einheit ist kraftvoll und passt zur Stimmung. Durch die Atmung kommst du weiter ins JETZT, wirst noch bewusster. Du kannst deinen Körper besser spüren.

- Nach Abschluss der BW-Einheit behältst du deine Position bei, schließt aber deine Augen. JETZT formulierst du laut oder im Geiste deine zuvor (in der Vorbereitung) definierten Affirmationen (drei bis fünf). Du sagst sie dir auf. Wiederhole dies klar und deutlich, mindestens dreimal.
- Ganz wichtig. Während du die Affirmationen formulierst, achte weiterhin auf deine tiefe Atmung.
- Atme tief in den Bauch.
- formuliere eine Affirmation.
- spanne den Damm an und atme aus.
- Formuliere eine weitere Affirmation.
- Wiederhole dies, bis jede Affirmation mindestens dreimal gesagt wurde.
- Wichtig: Während du die Emotion aufsteigen spürst (das Gefühl erzeugt durch Anspannen des Damms), versuche dir wirklich das, was du dir da im Geiste oder laut sagst, auch lebendig vorzustellen. Versuche dir ein Leben auszumalen, so wie du es da formulierst! Nur durch die Verbindung aus mentaler Vorstellung, Aussprechen und dem Gefühl wird dein Unterbewusst-Sein sich updaten.

Klingt alles äußerst kompliziert

Ah, das kommt vom Ego-Konstrukt. Bitte nichts ändern. Alles so lassen. Das unbewusste Ego labt sich nun mal an deinem Zustand. An der Trennung in dir und zu anderen. Abgrenzung und Trennung definieren das Ego, davon lebt es. Vom inneren und äußeren Konflikt. Und da erkennst du etwas ganz Wichtiges. Dein Ego-Konstrukt will genau das Gegenteil von dem, was wir dir HIER anbieten: Einheit. Mitte. Das Ego will Extreme. Entweder-oder. Gut oder böse. Schwarz oder weiß. Es braucht die klare Abgrenzung. Nur darüber kann es sich identifizieren.

Identifikation ist das Gegenteil von Authentizität.

Merke dir das. Bist du ganz du selbst, musst du dich mit nichts und niemandem mehr identifizieren.

Keine Sorge, das bekommen wir hin. Wir sind nicht allein. Auf der Grundlage dieses Buches können wir es probieren, und anschließend wird es weitere Möglichkeiten geben, z. B. durch die Zusammenarbeit in einer Community oder ein individuelles Coaching. Geh den ersten Schritt, fordere das Upgrade für dich ein und gib alles dafür. Du tust das für dich und für andere.

Dauer: 120 Sekunden

Affirm X Video

Xperience
Schreibe hier deine Erfahrung mit der Einheit auf.

Wie hast du sie erlebt?

_____

_____

Gab es Probleme bei der Durchführung?

_____

_____

Was ist dir aufgefallen?

_____

_____

Wie fühlst du dich nach der Einheit?

_____

_____

Schicke dein Feedback auch gern direkt an uns: feedback@mindfulmen.de

3. Xcept

Solange wir im Alltag noch unbewusst sind, drehen wir regelmäßig und oft sehr lange Runden im Gedankenkarussell. Wir hadern über gestern und machen uns Sorgen um morgen. Wir lassen es unbewusst zu, dass negative Gedanken unseren Geist vereinnahmen. Das tut uns nicht gut und hält uns davon ab, bewusster zu werden. Es ist, als würden wir mitten am Tag schlafen und etwas sehr Destruktives träumen. Da du allerdings nicht schläfst, sondern nur im Unbewusst-Seins-Modus schlummerst, kannst du deinen schlechten Tagtraum jederzeit bewusst unterbrechen und umschreiben.

Alleine dadurch, dass du das hier JETZT liest, machst du einen Anfang. Du liest dies JETZT bewusst. Das wird in den nächsten Tagen schon einen Unterschied machen.

Bei einer deiner nächsten Fahrten im negativen Gedankenkarussell wirst du dich an diese Zeilen erinnern. Sie sind dein Trigger. Präge dir das jetzt ein. Schalte deinen inneren Bewegungsmelder JETZT an. Wenn das Gedankenkarussell losfährt, dann schlägt er an.

Wo? Überall da, wo du viel ins Nachdenken kommst.

Wann? In Situationen, in denen du nicht zu viel durch andere abgelenkt bist und somit eine Chance auf einen Blitz hast.

Vorgehen

    1. Nimm bewusst wahr, woran du denkst.

        Es könnten dir Gedanken kommen wie:

«Wie wird wohl der nächste Monat? Umsatzflaute wegen des Sommerlochs? Und trotzdem die hohen Kosten …»

Mit dem wachen Bewusst-Sein, dass du in diesem Moment hast, kannst du nun einhaken und dir den Gedanken «aus der Ferne» betrachten. So, als ob du plötzlich nicht mehr IN dem Karussell sitzt, sondern VOR dem Karussell stehst und es von außen als Zuschauer betrachtest, während es seine Runden dreht.

2. JETZT, wo du deinen negativen Gedanken «erwischt» hast, steht er schutzlos vor dir. Sieh ihn dir gut an. Tu dies mit einem angeregten Interesse, mit einer gewissen Neugier, so, als ob du einen seltenen Käfer betrachtest: «Das ist aber ein interessanter Gedanke, der mir da gekommen ist.» Lies ihn dir entweder in Gedanken oder besser noch selbst laut vor. Wiederhole dies ein paar Mal.

3. Entscheidend ist, dass du den Gedanken und die Ängste und Sorgen darin nicht bewertest. Du urteilst nicht darüber. Du versuchst nicht zu analysieren, ob an diesen Gedanken etwas dran ist oder ob sie bloßer Unfug sind. Du nimmst sie nur bedingungslos wahr. Ohne jegliche Wertung. Das ist ein mächtiges Tool und nennt sich Hingabe. Akzeptiere, was ist und du kannst es gehen lassen.

4. Und genau das tust du JETZT. Du lässt den negativen Gedanken gehen. Du verabschiedest ihn höflich, hältst ihn nicht weiter fest und schickst ihn weiter. Stelle dir diese Gedanken wie Wolken vor, die vor deinem geistigen Auge vorbeiziehen.

Nutzen

Mit Conscious Training steigern wir unser Bewusst-Sein. Mit Breathwork lernen wir, unsere Gedanken zur Ruhe zu bringen. Darüber hinaus aber kann ich mein steigendes Bewusst-Sein nutzen, um mich selbst beim Abdriften ins Unbewusst-Sein zu ertappen. Die Trigger fangen an, ihre Wirkung über ihre Funktion hinaus zu erfüllen. Wir werden allgemein sensibler, was unsere Wahrnehmung betrifft.

Wir nutzen dies für uns, indem wir uns neu programmieren. Wir setzen den Haken und den Köder dahin, wo das Unbewusst-Sein anbeißt. Genau dann, wenn wir dazu neigen, im unbewussten Traum ins Gedankenkarussell einzusteigen, bemerken wir das. Wie eine Alarmanlage. Darin werden wir besser. Wir erlangen die Kontrolle und Verantwortung zurück.

Wenn wir das durch Übung festigen und kultivieren, bekommt das Ego-Konstrukt immer weniger Gelegenheiten, immer weniger Schlupflöcher, um sich ins Dunkle zu verziehen. Wir haben JETZT Security. Bewusste Fackelträger.

Kombination
HIER kannst du mal die Kombination andersherum anwenden. Durch den Blitz aus dem nichts (bzw. aus deinem steigenden Selbst-Bewusst-Sein) kannst du hier gut mit der Mental Xercise wie beschrieben beginnen. Anschließend kannst du noch eine Breathwork-Einheit nachschieben.

Breathwork: Blasebalg-Methode

Diese ist intensiv und eignet sich damit sehr gut, um zuvor geleistete mentale Arbeit im Unterbewusst-Sein zu festigen.

Dauer: 120 Sekunden

Xcept Video

Xperience

Schreibe hier deine Erfahrung mit der Einheit auf.
Wie hast du sie erlebt?

_____

_____

Gab es Probleme bei der Durchführung?

_____

_____

Was ist dir aufgefallen?

_____

_____

Wie fühlst du dich nach der Einheit?

_____

_____

Schicke dein Feedback auch gern direkt an uns: feedback@mindfulmen.de

4. Hypno X

Im Folgenden findest du die Anleitung für eine Selbsthypnose zur Steigerung deines Selbst-Bewusst-Seins.

Note: Nicht beim Autofahren oder in anderen Situationen anhören/anwenden, in denen du deine volle Aufmerksamkeit und Konzentration brauchst.

Außerdem ist diese Einheit nicht empfehlenswert bei Herzkreislauferkrankungen, niedrigem Blutdruck, Asthma, Epilepsie oder einem labilen bis psychisch schwachen Zustand.

Nimm dir den Text als Audiodatei auf, um sie in Aktion nutzen zu können. Hinterlege sie mit leichter Musik. Ist dir das zu aufwendig, folge dem QR-Code am Ende dieser Einheit. Dort erhältst du eine aufgenommene Audiodatei zur Nutzung.

Wo? Im stillen Kämmerlein. Da, wo du Ruhe hast und für dich bist. Potenziell geht das aber auch im Solarium oder Kino.

Wann? In der Entspannung. Wenn du schon einen gewissen Grad an Ruhe hast, z. B. nach einer Breathwork-Einheit, nach dem Aufstehen, vor dem Einschlafen.

Vorgehen

1. Wenn du bereit bist für die Hypnose, setze dich aufrecht hin mit beiden Füßen flach auf den Boden. Deine Hände entspannt auf deinen Oberschenkeln.

2. Zieh deinen Kopf an einer imaginären Schnur zur Decke und entspanne deine Schultern.

3. Deine Haltung darf eine aufmerksame Haltung sein. Wenn deine Haltung zu entspannt ist oder du dich hinlegst, ist die Wahrscheinlichkeit sehr hoch, dass du während der Einheit einschläfst.

4. Suche dir jetzt einen Punkt in deiner unmittelbaren Umgebung aus, z. B. an der Zimmerwand, den du ab sofort fokussierst. Dieser Punkt sollte so gelegen sein, dass du mit deinen Augen nach oben sehen musst, ohne dabei den Kopf zu heben. Konzentriere dich JETZT nur auf diesen einen Punkt und entspanne dabei deine Augen.

5. Konzentriere dich nur auf diesen Punkt und verliere dich darin, sodass alles andere um dich herum in den Hintergrund tritt.

6. Nimm JETZT einen tiefen Atemzug durch die Nase und stoße ihn langsam wieder durch den Mund aus. Wiederhole das Ganze noch einmal. Und ein letztes Mal durch die Nase ein und kontrolliert durch den Mund wieder aus.

7. Halte deinen Atem für drei bis vier Sekunden und atme wieder aus.

8. Während du dann ganz normal weiter atmest und dir deiner Augen bewusst wirst, bemerkst du vielleicht: Je länger du diesen Punkt anschaust, desto müder und müder werden deine Augen.

9. Mit jedem Atemzug werden deine Augenlider JETZT immer schwerer und schwerer und noch müder. Dein ganzes System fährt herunter und du entspannst dich immer mehr. Dein Körper lässt vollkommen los.

10. Vielleicht fangen deine Augen JETZT auch an zu brennen, und du möchtest sie schließen. Erwarte es, GEH DAVON AUS, dass es passiert und deine Augen sich nur noch schließen möchten.

11. Alles, was du dafür tun musst, ist es zu wollen. Wenn du möchtest, dass es passiert, kannst du es ganz einfach möglich machen. Wenn

es sich JETZT angenehm anfühlen würde, dann erlaube deinen Augen sich zu schließen.

12. Es fühlt sich einfach so viel besser an, mit geschlossenen Augen weiter zuzuhören. Und du gehst JETZT in deine Selbsthypnose. Ganz leicht, auf deine Art und Weise.

Note
Dies ist ein Einstieg in eine Selbsthypnose. Diese geht im Normalfall um die 25 Minuten. Mit Rücksicht auf deine Situation und das Konzept dieses Buches bieten wir dir optional die gesamte Selbsthypnose in der Audiodatei an.

HIER und JETZT empfehlen wir dir diesen Einstieg zu üben, um in eine tiefe Entspannung zu kommen. Dann kannst du diese Einheit mit für dich passenden Affirmationen aus den Mental Xercises verbinden.

Nutzen
Du kommst schnell in einen sehr tiefen Entspannungszustand. Durch etwas Training kannst du das schnell kultivieren und dir eine starke Ausgangsbasis schaffen für weitergehende Selbsthypnose und das Integrieren von Affirmationen, also deine individuelle, mentale Programmierung.

Kombination
Wie beschrieben idealerweise im Anschluss mit Mental Xercises, aber auch sehr gut geeignet, um eine Einheit aus der Self Discovery einzulegen.

Mental Xercises: Affirm X

Self Discovery: Higher Self

Dauer: 180 Sekunden

Hypno X Video

Xperience

Schreibe hier deine Erfahrung mit der Einheit auf.

Wie hast du sie erlebt?

_____

_____

Gab es Probleme bei der Durchführung?

_____

_____

Was ist dir aufgefallen?

_____

_____

Wie fühlst du dich nach der Einheit?

_____

_____

Schicke dein Feedback auch gern direkt an uns: feedback@mindfulmen.de

5. Golden Goal X

Wo? Überall da, wo du den Raum für eine Mindful Minute hast.

Wann? Immer dann, wenn du kurz für dich bist, durch einen Trigger geblitzt wirst und eine Mindful Minute einlegen willst.

Vorgehen

1. Schließe deine Augen oder fixiere ein Objekt.

2. Lerne den folgenden Satz zunächst so gut es geht auswendig. Keine Panik. Das kann und wird sich entwickeln. Nach ein paar Versuchen hast du es drauf, dann hat er sich tief abgesetzt und du vergisst ihn nicht mehr so schnell. Alternativ erst mal den Text ablesen oder auf eine Karte schreiben.
    - Ich werde mich weiterhin auf meine ZIELE KONZENTRIEREN.
    - Auch wenn ich Schwierigkeiten habe, werde ich NICHT AUFGEBEN.
    - Ich weiß, dass ERFOLG mit KONTINUITÄT kommt.
    - Ich weiß, dass ich es SCHAFFEN WERDE.
    - Kein Problem und keine Herausforderung werden mich aufhalten.
    - Alles, was ICH VERDIENE, wird ZU MIR KOMMEN.

Nutzen

Das Erreichen deiner persönlichen Ziele wird dir auf diese Weise leichter fallen. Es geht um Kontinuität und kein Überhitzen auf dem Weg. Dranbleiben. Vertrauen. Mut. Hingabe. Diese Tugenden lernst du mit dieser Einheit. Und sie werden dich stärken und deinen Weg festigen. Deine Ziele stehen fest. Der Weg auch. Nur dass du ihn noch nicht kennst. Und genau das ist Leben. Du lernst zu leben, ohne deine Ziele aus den Augen zu verlieren.

Kombination

Du kannst bei dieser Einheit gut mit der Breathwork-Einheit starten. Dann schließt du die Einheit aus der Self Discovery an und kommst am Ende mit hohem Selbst-Bewusst-Sein bei dieser Mental Xercise an.

Breathwork: Bienenton-Methode

Self Discovery: Higher Self

Dauer: 90 Sekunden

Golden Goal Video

Xperience

Schreibe hier deine Erfahrung mit der Einheit auf.

Wie hast du sie erlebt?

_____
_____

Gab es Probleme bei der Durchführung?

_____
_____

Was ist dir aufgefallen?

_____
_____

Wie fühlst du dich nach der Einheit?

_____

_____

Schicke dein Feedback auch gern direkt an uns: feedback@mindfulmen.de

6. THX

Auch wenn das Leben oft eine verdammte Challenge ist, so ist es doch schon eine geile Sache zu leben. Allein, dass du dich noch im Körper deiner Mutter gegenüber einer Million anderer potenzieller Menschlein durchgesetzt hast, ist schon mal eine ziemlich unfassbare Quote. Glückwunsch, du bist ein Gewinnertyp!

Wo? Überall da, wo du den Raum für eine Mindful Minute hast.

Wann? Am Ende einer Mindful Minute, passend nach einer CT- oder BW-Einheit

Vorgehen

1. Schließe die Augen oder fixiere ein Objekt.

2. Jetzt frage dich mal, wofür du alles dankbar bist oder sein kannst. Wie bei allen Einheiten wird dir das nicht direkt leichtfallen. Zu Beginn fällt dir vielleicht nicht viel ein. Doch du wirst dich wundern. Schon beim dritten Mal kommt dir mehr in den Sinn.

3. Also sage dir, ohne vorher darüber nachzudenken, im Geist oder laut:

   «Ich bin dankbar für …» und warte, was kommt. Vielleicht kommen zu Anfang Dinge wie «… dass ich lebe», «… dass ich gesund bin», «… dass meine Kinder gesund sind». Es kann bei jedem etwas anderes kommen. Lass es sich frei und ungezwungen entwickeln. Die Antworten folgen.

Nutzen
Dankbarkeit ist eine der mächtigsten Tugenden. Warum? Das müssen wir HIER nicht vertiefen. GEHE DAVON AUS, dass da was dran ist.

Je dankbarer du bist für alles, was du wahrhaft erlebst oder erfahren hast, was du siehst, riechst, schmeckst, fühlst, desto zufriedener und glücklicher wirst du. Weil du erkennst, wie reich du schon bist. Du hast so viel, du bist so viel. Indem du Dankbarkeit dafür formulierst, wird es dir erst richtig klar. Du tauchst auf aus dem täglichen Struggle und erkennst deinen wahren Reichtum endlich einmal. Das ist befreiend für dich und setzt vieles frei. Neue Motivation, Willen, Passion, alles was dich antreibt und dir die Stärke gibt, zu handeln und gleichzeitig einfach zu sein und zu genießen. Zu leben.

Kombination
THX kannst du gut in Kombination mit Conscious Training und Breathwork nutzen. Dafür hast du im Bereich Conscious Training schon ein paar Einheiten kennengelernt, die in Kombination mit THX gut funktionieren.

Dauer: 90 Sekunden

THX Video

Xperience
Schreibe hier deine Erfahrung mit der Einheit auf.

Wie hast du sie erlebt?

_____
_____

Gab es Probleme bei der Durchführung?
_____
_____

Was ist dir aufgefallen?

Wie fühlst du dich nach der Einheit?

Schicke dein Feedback auch gern direkt an uns: feedback@mindfulmen.de

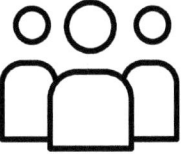

7. Follow X (Bitte um Führung)

Wo? Überall, wo eine Mindful Minute möglich ist. Gut geeignet in Kombination mit Conscious Training und Mental Xercises.

Wann? Immer dann, wenn sich Raum für eine Mindful Minute bietet.

Vorgehen
Stelle dir eine höhere Kraft vor, an die du glauben kannst. Ob du das Gott nennst, Universum, Präsenz, allumfassende Macht oder dein höheres Selbst, ist völlig egal. Du weißt, seit jeher glauben alle Kulturen weltweit an dasselbe, geben ihm nur einen anderen Namen.
Denk einfach an die schiere Unendlichkeit von allem da draußen, dann bist du schon demütig genug, um zu sehen, wie klein wir dagegen sind. Stelle dir dein höheres Selbst in dir vor und sprich zu ihm. Ganz vertraut, denn du kannst und willst nichts verbergen. Du bist ganz offen, ganz aufrichtig und das fühlt sich richtig an.

Nun spreche zu deinem höheren Selbst und bitte um Führung. Bitte um Führung, um deinen Weg zu finden. Bitte um Führung, um die richtigen Entscheidungen zu treffen. Bitte um Führung, um die richtigen Türen und Menschen zu erkennen, die deinen Weg mitbestimmen werden.

1. Vertraue (dass alles richtig ist, so wie es ist und kommt)

2. Sei mutig (bei allem, was du tust, auch wenn du den Weg nicht kennst)

3. Beobachte (auf deinem Weg alles, was dir angeboten wird: Mensch und Tür)

4. Erkenne die Menschen und Türen (die für deinen Weg wichtig sind)

5. Gehe dahin (wohin du geführt wirst)

Fühlst du dich komisch damit? Unsicher? Um Führung bitten? Du? Ja, mach mal.
Oder hör mal rein.

Nutzen

Die Bitte nach Führung kommt aus dem Gebet. Nicht umsonst. Ja, ja Gebete. Aber GEHE DAVON AUS, dass all die Kulturen das über tausende von Jahren nicht ohne Grund regelmäßig jeden Tag genutzt haben.

HIER kommt erneut Hingabe zum Einsatz. Gib mal (nicht im physischen, sondern hier in deinem bewussten Raum) alle Kontrolle ab. Du bist das Tor, durch das eine große Kraft wirken kann. Ja ist klar, Glaube und so. Aber stell dir mal vor, du hast es alles gar nicht allein in der Hand.

Kombination

Alle Einheiten, die auf Mut und Hingabe basieren.

Conscious Training: Blind Walking, Reverse Drift

Dauer: 120 Sekunden

Follow X Video

Xperience

Schreibe hier deine Erfahrung mit der Einheit auf.

Wie hast du sie erlebt?

_____

_____

Gab es Probleme bei der Durchführung?

_____

_____.

Was ist dir aufgefallen?

_____

_____

Wie fühlst du dich nach der Einheit?

_____

_____

Schicke dein Feedback auch gern direkt an uns: feedback@mindfulmen.de

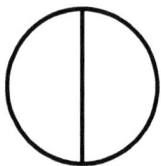

Self Discovery – Der Kern

Wie bereits angekündigt, wird der Bereich Self Discovery in diesem Buch nicht zu sehr vertieft. Warum? Dieses Buch steht im Kern für den ersten Schritt, für die Steigerung des Selbst-Bewusst-Seins. Das wird beleuchtet und durch praktische Übungen eingeleitet.

Die Selbsterkenntnis ist Teil der zweite Ebene der Mindfulness Pyramid, aber dieser Bereich steht auch an der Schwelle zu einer weitergehenden Entwicklung. Ob du die für dich suchst oder willst, das muss sich nicht JETZT entscheiden.

Wir werden bei Bedarf und Nachfrage in einem zweiten Buch oder auf anderem Wege sowohl die Basisebene der Pyramide vertiefen nach Art dieses zweiten Buchteils. Genauso werden wir den Bereich der Self Discovery durch weitergehenden digitalen Content und Coaching-Formate wie D.Tect, die Mindful Men Community oder die MM Mastermind fortführen und vertiefen.

Wenn du also am Ende dieses Buches oder nach ausgiebiger Arbeit und Entwicklung mit dem Buch den Drang verspürst, mehr zu wissen darüber,

1. wer du bist,
2. wofür du stehst und
3. was du willst,

dann folge uns weiter über dieses Buch hinaus oder schreibe uns an feedback@mindfulmen.de

1. The Essence

Wo? Überall da, wo Raum für eine Mindful Minute ist.

Wann? Immer dann, wenn du kurz für dich bist und der Blitz einschlägt.

Vorgehen

1. Nimm dir Zettel und Stift (oder Tagebuch ...).

2. Starte mit einer Atemübung. Führe diese einmal separat durch und atme danach tief und klar weiter ein und aus.

3. Überlege dir einen Wunsch und schreibe diesen Wunsch als Überschrift auf.

4. Nehmen wir an, dein Wunsch wäre, dass du einen Ferrari haben möchtest. Du schreibst also «Ich wünsche mir einen Ferrari» auf.

5. Als nächstes schreibst du auf, warum du dir einen Ferrari wünschst. Die Antwort könnte z. B. lauten:
«Ich wünsche mir einen Ferrari, weil das bedeutet, das ich genügend Geld habe».

6. Dann versuch zu ergründen, warum du genügend Geld haben möchtest. Du könntest also schreiben:
«Ich wünsche mir genügend Geld, um unbeschwert leben zu können.»

7. Warum möchtest Du unbeschwert leben? Beispielsweise: «Ich wünsche mir unbeschwert zu leben, weil ich dann frei bin».

8. Schreib nun auf, warum du den Wunsch hast, frei zu sein, z. B. so: «Ich möchte frei sein, weil ich dann keine Verpflichtungen mehr habe».

9. Warum möchtest du keine Verpflichtungen mehr? «Ich wünsche mir keine Verpflichtungen mehr zu haben, weil ich dann frei bin.»

10. Okay, jetzt bist du in diesem Beispiel scheinbar am Kernwunsch, da du jetzt anfängst, dich im Kreis zu drehen.

11. In diesem Beispiel steht hinter dem Wunsch «Ferrari» der Wunschkern «Freiheit».

12. Du könntest nun in den nächsten Tagen auf diese Art und Weise viele deiner Wünsche durchgehen, die dir einfallen.

13. Deine Wunschkerne notierst du dann.

14. Aus diesen Wunschkernen formulierst du dann entsprechende Affirmationen. Wenn deine tiefsten Wünsche, z. B. Freiheit, innerer Frieden, Lebensfreude und Liebe lauten, schreibst du dir beispielsweise den Satz auf «Ich ziehe Freiheit, inneren Frieden, Lebensfreude und Liebe von Tag zu Tag mehr in mein Leben». Am besten lernst du diesen Satz auswendig oder schreibst ihn auf eine Karte (oder als Notiz in dein Handy). Nimm ihn auch als Audiodatei im Handy auf und lass dich damit führen.

15. Wiederhole diesen Satz mehrmals am Tag (Trigger setzen!) immer wieder im Geiste – wie ein Mantra.

Tipp

Nutze die positiven Affirmationen der Affirm X-Einheit (Mental Xercises) und lass dich davon inspirieren. Was spricht dich an? Grenze ein. Konfigurator. Leite davon etwas für dich ab.

Nutzen

Klarheit darüber gewinnen, was du willst. Deinem Kern auf die Schliche kommen.

Kombination

Gut im Anschluss an Breathwork-Einheiten.

Breathwork: 4711-Methode

Dauer: 240 Sekunden

Xperience

Schreibe hier deine Erfahrung mit der Einheit auf.

Wie hast du sie erlebt?

_____

_____

Gab es Probleme bei der Durchführung?

_____

_____

Was ist dir aufgefallen?

_____

_____

Wie fühlst du dich nach der Einheit?

_____

_____

Schicke dein Feedback auch gern direkt an uns: feedback@mindfulmen.de

2. My Higher Self (Dein perfekter Tag)

Die beste Version von dir selbst sein. Was soll denn das sein? Du 2.0? Weit gefehlt. Es ist Du 1.0. Zurück auf Werkseinstellungen. Zurück zur Gegenwart. Zurück zu dir. Wir suchen alle im Außen nach uns und verlieren uns dabei. Wir vergessen sogar, warum und wonach wir eigentlich gesucht haben. Die Sinne verteilen sich in der Unendlichkeit der informativen, unterhaltsamen und materiellen Möglichkeiten.

Aber wozu? Und warum? Ist es das schon? War es das schon? War das alles? Ach komm, kann nicht sein. Das muss doch mehr sein!

Was würdest du tun, wenn du es tun könntest? Es gibt keine Grenzen. Keine Hindernisse. Alles darf sein. Was würdest du tun?

_____
_____
_____
_____

Wer bist du? Wofür stehst du?
_____
_____
_____
_____

Du hast keine Antwort? Willst aber gern mal hier und mal da ein Puzzlestück finden, um das Ganze, die Einheit, mal wieder zusammenzufügen und dir die Frage «Wofür stehst du?» beantworten zu können? Stark!

Wo? Du weißt es doch bereits. Wir sind am Ende des Buches, Tiger. Letzte

Einheit. Letzter Klimmzug. Letzte Liegestütze. Bah, die tut weh. Und kann irgendwann die entscheidende sein. Also, gib du doch mal die Antwort.

Wo kann man das für sich machen?

_____
_____
_____
_____

Was JETZT los? Wir sollen HIER mitmachen? Ja Mann, sieh zu. Du bist eins mit uns: crowd@mindfulmen.de

Wann?

Und, was fällt dir hierzu ein? Wann kannst du die Higher Self-Einheit für dich umsetzen?

_____
_____
_____
_____

Vorgehen

Ok, das steuern wir noch bei. Aber auch nur noch das. Der Akku ist leer. Die letzte Seite des Buches fast erreicht.

Für den Moment ganz einfach: Du machst dir ein paar Kärtchen fertig. «Kärtchen», fragst du? Ja, so was wie Karteikärtchen. Wenn du da keinen Schnüff drauf hast, dann sag Bescheid, wir sind an einem Kartenset dran. Alle Einheiten des BIC-Process aus der Mindfulness Pyramid in einem Kartenset, on point gebracht. Visuell. Konzeptionell. Sofort anwendbar im Alltag. Hände hoch, wer da Bock drauf hat: crowd@mindfulmen.de

Dein perfekter Tag. Wie sähe der aus? All das Geschwafel runtergebrochen auf einen einzigen Tag. Wenn du in drei Monaten stirbst. Wie lebst du dann deinen Tag?

Komm, mach dich mal frei. Hast du noch fünf Minuten? Wir wissen, du hast schon alles gegeben HIER. Fetten Dank. Wir ziehen unseren Hut vor dir. Du bist großartig, so wie du bist. Wir hoffen, du liest das noch.

Kannst du noch mal? Einmal noch? Okay, komm. Do it.

HIER eine erste Auswahl an Fragen, die dich führen werden, wenn du es zulässt. Hingabe. Remember. Let yourself go.

1. Schließe die Augen. Keine Panik, du kriegst das Ganze auch als Audio im Anschluss. Ja ja, hier wird für alles gesorgt.

2. Stell dir vor, du erlebst den besten Tag deines Lebens. Den perfekten Tag.

3. Morgens, mittags, abends, nachts.

4. Lasse die Fragen dein Guide sein, um deine Lebensbereiche aufzuspüren und dort etwas zu platzieren, was du dir ganz fest wünschst.

Hör auf die Stimme

1. Was macht dich aus?

_____
_____
_____
_____

2. Was ist dir wichtig?

_____
_____
_____
_____

3. Was macht dir Freude?

_____
_____
_____
_____

4. Was erfüllt dich?

_____
_____
_____
_____

5. Was beschäftigt dich?

_____
_____
_____
_____

6. Wer oder was inspiriert dich?

_____
_____
_____
_____

7. Was liest du gern?

_____
_____
_____
_____

8. Wie ist dein Lebensgefühl?
_____
_____
_____
_____

9. Was hast du erschaffen?
_____
_____
_____
_____

10. Welche Erfolge gibt es zu feiern?
_____
_____
_____
_____

11. Für wen machst du einen Unterschied?
_____
_____
_____
_____

12. Welche Abenteuer gibt es in deinem Leben?
_____
_____
_____
_____

13. Was ist dein Beitrag?

_____

_____

_____

_____

Nutzen

Du kommst all dem auf die Spur, was dich nicht in Ruhe lässt. Klarheit über deine Suche. Du kannst dich deiner Vision weiter annähern. Dem, was du bist und verkörperst, gibst du damit mehr und mehr einen Namen. Deine Bestimmung wird dich bis zum Ende begleiten. Sie lässt dich nie allein.

Kombination

Conscious Training: Rooftop Watching, Sunny Touch

Breathwork: Zuvor eine Einheit Stairway 2 Heaven
Dauer: 360 Sekunden

Xperience

Schreibe hier deine Erfahrung mit der Einheit auf.

Wie hast du sie erlebt?

_____

_____

Gab es Probleme bei der Durchführung?

_____

_____

Was ist dir aufgefallen?

_____

_____

Wie fühlst du dich nach der Einheit?

_____

_____

Schicke dein Feedback auch gern direkt an uns: feedback@mindfulmen.de

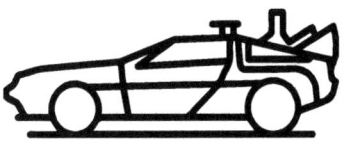

16. What´s next?
– Die Zukunft

So, das war´s schon fürs Erste. Und, raucht die Birne? Pocht das Herz? Glüht die Seele? Was auch immer du dir hieraus mitnehmen konntest, ist genau der Grund dafür, warum dir dieses Buch in die Hände gefallen ist. Vielleicht war es auch nur ein Zwischenschritt dahin, wo wirklich das auf dich wartet, was du suchst. Okay, lass etwas runterkommen.

Wenn du so an die Sache rangegangen bist, wie wir denken, dass du es getan hast, dann wirst du schon das für dich Richtige gefiltert haben. Anyways. Die Frage bleibt: What´s next?

Aus unserer Erfahrung hat alles, was aus einem authentischen Kern, aus einer Vision, einer Bestimmung heraus verfolgt wird, einen wahrhaftigen Ursprung. Diese Vision, Powermännern zu ihrer inneren Mitte zurück zu verhelfen, hat einen tieferen Ursprung. Ist Teil einer höheren Vision. GEH DAVON AUS, dass da was dran ist. Vielleicht hat es damit zu tun, das Bewusst-Sein in der Welt zu steigern. Uns zwei würde es nicht wundern, denn da treffen sich unsere Bestimmungen.

Und du? Kennst du schon deine Bestimmung? Kannst du die drei Fragen aus der Self Discovery für dich schon klar beantworten?

Wer bist du?
Wofür stehst du?
Was willst du?

Vielleicht

Vielleicht haben dich die ersten Einheiten und aktivierenden Fragen in dem Bereich schon etwas auf den Weg gebracht. Vielleicht willst du auch noch mehr wissen. Wer weiß.
Hast du denn schon mit dem Buch gearbeitet? Vielleicht hast du es bis HIER einfach durchgelesen und fragst dich JETZT, was als nächstes auf dich wartet. Vielleicht bist du jemand, den ein Buch aktiviert, der aber dann im nächsten Schritt Kooperationspartner braucht, um zusammen etwas anzugehen und umzusetzen. Vielleicht ist dein nächster Schritt ein anderer. Vielleicht ziehst du dir auch erst mal den digitalen Zusatz-Content rein. Jeder von uns ist anders. Aber wir sind nicht allein.

Wir alle wünschen uns ein Leben, das sich erfüllt und echt anfühlt. All das, was wir dir hier mitgeben durften, kann ein Anfang für dich sein. Wir hoffen es.

Eines aber wissen wir. Du wirst deinen Weg gehen. Und denk daran, du bist nicht allein. Bei Mindful Men findest du nicht nur Gleichgesinnte, du kannst und sollst auch mitreden. Wir wissen, dass digital vernetzte, dezentrale Communities eine wachsende Bedeutung erhalten werden. Du wirst mitreden können. Mitgestalten. Und es wird nicht mehr um Shareholder Value gehen. Auch bei uns nicht. Es geht um Nutzen. Mehrwert. Kooperation. Damit wir etwas erschaffen, das uns am Ende überdauert. Für unsere Kinder. Und alle, die nachfolgen.

In diesem Sinne. Kommt klar, Männers.

Ulli & Daniel von Mindful Men

Bewertung enthält WERT

Dieses Buch und der Nutzen darin leben von dem Feedback derjenigen, die das Buch bereits gelesen und den Inhalt angewendet haben. Ihr seid mutiger als die, die nach euch folgen. Warum? Weil ihr diejenigen seid, die vorweggehen. Immer. Im Job. In der Familie. Und durch euer Feedback gestaltet ihr das Buch mit.

Daher rufen wir euch auf, uns euer Feedback auch zukommen zu lassen. Sagt uns, was euch nicht gefallen hat und was euch geholfen hat. Wo fehlt euch etwas, um die Ansätze noch besser in die Umsetzung zu bringen? Was habt ihr erlebt, wenn ihr die Einheiten über einen gewissen Zeitraum wirklich genutzt habt? Wie lange habt ihr gebraucht, um Veränderungen zu bemerken? Was kann raus aus dem Buch und ist überflüssig? Was für Ideen habt ihr für die weitere Entwicklung des Projektes? Beteiligt euch und partizipiert. Wie? Lasst uns dazu austauschen unter crowd@mindfulmen.de.

Wenn euch das Buch und der Inhalt schon gut gefallen und geholfen haben, dann zögert nicht! Helft anderen Männern und gebt uns die 5 Sterne bei Amazon. Nur dann erhält das Buch in der Masse die so nötige Aufmerksamkeit. Ob mit oder ohne Rezensionstext. Unser Wunsch ist, dass wir zunächst deine ehrliche Meinung per Mail bekommen, um dieses Feedback in die nächste Buchversion einzuarbeiten und dafür dann eure 5 Sterne zu bekommen zum Wohle aller, die auf euch folgen!

See you soon, Männers.

THX an die Verbündeten

Daniels Dank

Mein größter Dank gebührt an dieser Stelle dir. Danke, dass du dir und uns die Zeit geschenkt hast, dieses Buch bis zum Schluss zu lesen.

Ich danke meiner Freundin Anja, die erst im Januar 2021 in mein Leben getreten ist. Seitdem hat sich noch mal viel verändert. Du bist Frau, Geliebte, beste Freundin und Soulmate in einem. Aber du sagst ja selber von dir: Ich bin alles. Ich bin die Liebe. Und ich geb´s gern zu, das bist du wirklich. Du hast mir schon bis HIERhin so viel Gefühl, so viel Glauben, so viel Vertrauen, so viel Motivation, so viel Spaß, so viel Spiel und noch viel mehr gegeben. Und wir stehen gerade erst am Anfang. Wir haben schon zusammen einen Food Vlog gemacht (www.buntundpur.de), einen Podcast aufgenommen (Spotify: Arsch und Eimer), wir sind mit einem alten Camper am Herzberg gelandet und jeder neue Tag mit dir ist etwas Besonderes. Ich liebe dich sehr und danke dir von Herzen, dass du da bist und den Weg mit mir gemeinsam gehst. Bis zum Schluss.

Ich danke dir, Ulli, dass wir diesen Weg hier zusammen gehen. Die Zeit von 2018 bis heute habe ich genossen. Wir haben uns auch gerieben und uns dadurch besser kennengelernt. Aber ich hatte immer volles Vertrauen zu dir und in unsere Kooperation. Und nun schau, wo wir heute sind. Und wo es für uns noch hinführt? Das lasse ich auf mich zukommen in purer Freude aus meiner inneren Mitte heraus. Ich danke dir dafür, dass du mir vertraut und vieles zugetraut hast. Auf die Mindful Men! Auf uns!

Danke an Phillip, der uns wieder vereint hat nach dem Lockdown. Danke auch an Max, Marie, Lena und alle anderen vom Remote Verlag. Super Truppe, leichtes Arbeiten in freier Kooperation.

Ich danke meinen Eltern Ellen und Arno, meiner großen Schwester Kerstin und meinen Kindern Pepe und Marla Ennie, dass sie mich so nehmen, wie ich bin. Was bleibt ihnen auch anderes übrig? Danke, dass ich bei euch so sein kann, wie ich bin. High Five!

Last but not least danke ich meinem besten Freund Quinten. Danke, dass du mir über all die Jahre die Treue gehalten hast. Du kennst mich. Du schätzt mich dafür, wie ich bin und was ich kann. Und wir hatten so viele wunderbare Abende und Jam Sessions, die ich niemals missen möchte. Auf weitere 30 Jahre. Cheerio Mate!

Dazu danke ich verschiedensten Menschen, die meinen Weg so oder so gekreuzt und ihn beeinflusst haben: Marty McFly & Doc Brown, Alex Keuter, Jannis Oberhaus, Marius Schulze, Elon Musk, Tom Schmidt & Duc Ha, Ernst, Stefan & Krauss (Small Town Boys), Martin Hackl, Reto Huber & Thomas Guldimann, Peter Hug, Subroto & Jaidev Chatterjee, Mirco Nontschew, Bikash Sharma, Rob Prange, Nico Stisser, Brigitte & Ehrenfried Conta Gromberg, Sebastian Kramer, Lina Alice, Daniel Poppe, Douglas Adams, den Ärzten, Blumentopf und Han Solo. Ihr rockt!

Ullis Dank

Ich danke Daniel für die tolle Kooperation – ohne dich wäre dieses Buch nie geschrieben worden.

Danke auch an Karin für deine Unterstützung und Inspiration.

Vielen Dank an Max Mika und das Team vom Remote Verlag für die Zusammenarbeit an diesem Buch.

Der größte Dank geht aber natürlich an die Leser und Leserinnen. Alles Gute für Euch!

Anmerkungen:

[1] Kühn, Axel: Frauen in Bildungsberufen. In: Statistisches Monatsheft Baden-Württemberg. 4/2010.

[2] Schäfer, Susanne: Achtsam ist heilsam. Online unter: https://www.zeit.de/zeit-wissen/2012/01/Meditation-auf-Rezept.

[3] https://socialmatch.de/blog/steve-jobs-letzte-worte-die-einen-veraendern/

Entdecke weitere Bücher in unserem Online-Shop

www.remote-verlag.de

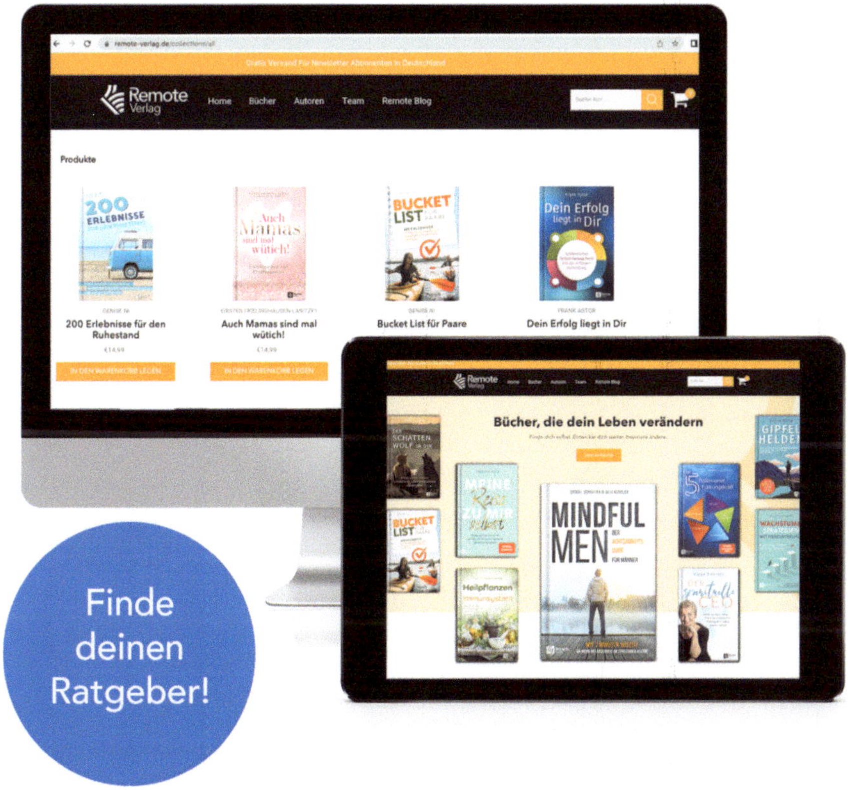

Quellenverzeichnis:

Hirn, Lisz: Aphorismen.de, o.J., https://www.aphorismen.de/suche?f_thema=Vision&f_rubrik=Aphorismen&f_autor=8895_Lisz+Hirn (abgerufen am 16.05.2022)

Jung, Carl Gustav in: beruhmte Zitate.de, o.J. https://beruhmte-zitate.de/zitate/2004448-carl-gustav-jung-bis-sie-das-unbewusste-bewusst-machen-wird-es-ihr/ (abgerufen am 16.05.2022)

Kabat-Zinn, Jon «Zitate über Achtsamkeit von Jon Kabat-Zinn» DFME – Deutsches Fachzentrum für Achtsamkeit (2021) https://dfme-achtsamkeit.de/zitate-achtsamkeitszitate-jon-kabat-zinn/ (abgerufen am 16.05.2022)

Krishnamurti, Jiddu (2002): Einbruch in die Freiheit, Lotos, 18.

Kühn, Axel (2010): Frauen in Bildungsberufen. In: Statistisches Monatsheft Baden-Württemberg, www.statistik-bw.de/Service/Veroeff/Monatshefte/PDF/Beitrag10_04_04.pdf (abgerufen am 12.04.2022)

Musk, Elon, 2017 twitter/ElonMusknewsorg., https://twitter.com/elonmusknewsorg/status/815731862601666560?lang=de (abgerufen am 16.04.2022)

Mooji, in myzitate.de, o.J., https://www.myzitate.de/mooji/ (abgerufen am 16.05.2022)

Schäfer, Susanne (2011): Achtsam ist heilsam, www.zeit.de/zeit-wissen/2012/01/Meditation-auf-Rezept, (abgerufen am 12.04.2022.)

Socialmatch (2021): Steve Jobs letzte Worte, die einen verändern, socialmatch.de/blog/steve-jobs-letzte-worte-die-einen-veraendern/ (abgerufen am 12.04.2022.)

Toll, Eckhart (2009): Stille spricht, Kamphausen Media GmbH, 24